高校学术文库
体育研究论著丛刊

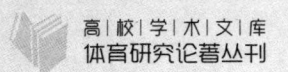

艺术体操的发展与技能训练探究

付 栋 著

中国书籍出版社
China Book Press

图书在版编目(CIP)数据

艺术体操的发展与技能训练探究 / 付栋著.—北京：中国书籍出版社,2018.5
ISBN 978-7-5068-6896-9

Ⅰ.①艺… Ⅱ.①付… Ⅲ.①艺术体操－运动训练－研究 Ⅳ.①G834.02

中国版本图书馆 CIP 数据核字(2018)第 118209 号

艺术体操的发展与技能训练探究

付 栋 著

丛书策划	谭 鹏 武 斌
责任编辑	成晓春
责任印制	孙马飞 马 芝
封面设计	马静静
出版发行	中国书籍出版社
地 址	北京市丰台区三路居路 97 号(邮编:100073)
电 话	(010)52257143(总编室) (010)52257140(发行部)
电子邮箱	chinabp@vip.sina.com
经 销	全国新华书店
印 刷	三河市铭浩彩色印装有限公司
开 本	710 毫米×1000 毫米 1/16
印 张	16.25
字 数	235 千字
版 次	2018 年 10 月第 1 版 2018 年 10 月第 1 次印刷
书 号	ISBN 978-7-5068-6896-9
定 价	62.00 元

版权所有 翻印必究

目　录

第一章　艺术体操运动概述 …………………………………… 1
　　第一节　艺术体操的起源与发展 ……………………………… 1
　　第二节　艺术体操的特点与内容、作用 ……………………… 4
　　第三节　艺术体操的术语与竞赛规则 ………………………… 11

第二章　艺术体操的教学发展研究 …………………………… 20
　　第一节　艺术体操的教学特点与任务 ………………………… 20
　　第二节　艺术体操的教学原则与方法 ………………………… 31
　　第三节　艺术体操的教学现状与未来发展 …………………… 43

第三章　艺术体操的训练发展研究 …………………………… 47
　　第一节　艺术体操的训练理论 ………………………………… 47
　　第二节　艺术体操的训练原则与方法 ………………………… 52
　　第三节　艺术体操的训练理念创新 …………………………… 65

第四章　艺术体操的音乐发展研究 …………………………… 69
　　第一节　艺术体操与音乐 ……………………………………… 69
　　第二节　艺术体操音乐的选配与应用 ………………………… 76
　　第三节　新时期艺术体操音乐的演变与发展 ………………… 84

第五章　艺术体操基础动作训练 ……………………………… 98
　　第一节　基本姿势训练 ………………………………………… 98
　　第二节　徒手动作训练 ………………………………………… 105

第三节　形体动作训练 …………………………………… 129

第六章　轻器械艺术体操技能训练 …………………………… 140
　　第一节　绳操 …………………………………………… 140
　　第二节　球操 …………………………………………… 147
　　第三节　带操 …………………………………………… 155

第七章　艺术体操高难技能训练 ……………………………… 162
　　第一节　徒手动作组合训练 …………………………… 162
　　第二节　持器械组合训练 ……………………………… 177

第八章　艺术体操技能的游戏训练 …………………………… 199
　　第一节　绳的游戏训练 ………………………………… 199
　　第二节　球的游戏训练 ………………………………… 206
　　第三节　带的游戏训练 ………………………………… 212
　　第四节　器械组合游戏训练 …………………………… 218

第九章　艺术体操拓展项目技能训练 ………………………… 222
　　第一节　健美操 ………………………………………… 222
　　第二节　啦啦操 ………………………………………… 238
　　第三节　排舞 …………………………………………… 242
　　第四节　瑜伽 …………………………………………… 246

参考文献 ………………………………………………………… 251

第一章 艺术体操运动概述

艺术体操是一项新兴体育运动项目，在20世纪70年代传入到我国后以其独特的魅力受到了热烈的欢迎。艺术体操内容繁多，风格迥异，富有韵律，具有无比的艺术感染力。

第一节 艺术体操的起源与发展

艺术体操又被称为韵律体操，是徒手或持轻器械在音乐伴奏下进行的有节奏的连续不断的身体练习。艺术体操包括走、跑、跳、转体、平衡和身体各部分的摆动、绕环、屈伸等练习。通过这些练习，能够发展柔韧、协调、灵巧等身体素质、锻炼健美的体态，培养节奏感，提高音乐素养和表现力，同时还是美育手段之一。

一、艺术体操的起源

艺术体操起源于19世纪末、20世纪初的欧洲，与国际竞技体操比赛（1903年第1届世界体操锦标赛）有同样长的历史。它的产生与当时的教育改革及妇女体育运动发展有着密切的联系。20世纪60年代发展为独立的女子竞赛项目。一些教育家、体操家、音乐家、生理学家、舞蹈家对艺术体操的发展，在理论和实践上作出了巨大贡献。

例如，现代韵律体操的奠基人瑞士教育家、声乐家台尔克罗兹（E. J. Dalcroze）首先把音乐与体操相结合，创造了"音乐体操"

（韵律体操）；德国音乐教师、体操家鲁道夫·博得（R. Bode）为妇女体操创造了极有女性特色和价值的波浪动作；德国音乐、体育教师欣里希·梅顿（H. Medan1）率先提出了进行动作练习时使用轻器械；现代舞创始人美国的伊莎多拉·邓肯（I. Duncan）的"表现自我"的舞蹈理论与实践，德国舞蹈家拉班（R. V. Laban）的"动作体系"，均对艺术体操产生很大影响。经过他们不断地探索革新，才逐步形成了新的现代体操。这种新体操的特点是注重自然的全身运动，要求动作自然、流畅、优美、富于节奏，使其达到躯体、思想和心灵自然表现的艺术境界。

在上述理论基础之上，艺术体操经过长期实践逐渐形成和发展开来，20世纪40年代传入美国，50年代又传入亚洲，并逐渐在全球广泛流行。

二、艺术体操的发展

艺术体操最初进入国际比赛是在1948年、1952年和1956年这三届奥运会之中。在这三届奥运会的竞技体操比赛中增加了6人团体轻器械操的比赛。随着艺术体操的项目和规则的不断完善，原先的6人集体项目已改为5人集体项目。

艺术体操发展到20世纪50年代，成为一种只设女子项目的竞技运动。但最初的国际性比赛并非独立进行，而是附属于女子竞技体操比赛的团体项目中，即规定凡参加竞技体操团体比赛的队，每队除了参加竞技体操比赛外，还必须参加由6～8人组成的团体轻器械韵律体操比赛。随着技术的发展，竞技体操与艺术体操的差异日趋明显。因此，1956年国际体联决定在竞技体操比赛中取消艺术体操比赛，将竞技体操与艺术体操分开。

1963年第1届世界艺术体操锦标赛在匈牙利布达佩斯举行，之后每两年举行一次，1991年后改为每年举行一次。从1978年开始，国际体联又组织了两个洲际比赛，即欧洲锦标赛和四大洲锦标赛（亚洲、大洋洲、北美洲和拉丁美洲），分别在世界锦标赛的

第一章 艺术体操运动概述

间隔年份举行。在 1984 年奥运会上,艺术体操个人项目被列为比赛项目。

1962 年,艺术体操正式被承认为一个独立的运动项目,随后,在比赛组织形式有新的变化,规则更加完善。1976 年首次公布了国际艺术体操评分规则,1982 年经修改,第二次出台了新的艺术体操评分规则,1989 年再次修改出台了新的评分规则,1997 年的规则已是第 5 次修改的版本了。规则的产生与演变充分体现了竞技艺术体操的发展过程。

艺术体操成为教育的一种手段,源自于苏联十月革命。在 1930 年,圣彼得堡体育学院首先开设了艺术体操课程。1947—1949 年连续三年举行的全苏联观摩表演赛,对艺术体操的开展起到了积极的促进作用。

自 1963 年举行首届世界艺术体操锦标赛以来,欧洲艺术体操的水平一直处于领先地位,在 2000 年悉尼奥运会上,艺术体操团体前 3 名由俄罗斯、白俄罗斯和希腊获得,个人前 3 名由俄罗斯和白俄罗斯运动员获得。在 2004 年雅典奥运会上,艺术体操团体前三名分别由俄罗斯、意大利、保加利亚获得。个人前 2 名分别由俄罗斯运动员卡巴耶娃、特查奇娜获得。个人第 3 名由乌克兰运动员贝索诺娃获得。2008 年北京奥运会上,艺术体操团体前 3 名由俄罗斯、中国、白俄罗斯获得;个人第 1 名由俄罗斯运动员卡纳耶娃获得,个人第 2 名由白俄罗斯运动员朱科娃获得,个人第 3 名由乌克兰运动员贝索诺娃获得。在 2012 年伦敦奥运会上,艺术体操团体前 3 名分别由俄罗斯、白俄罗斯和意大利获得。个人前 2 名分别由俄罗斯的运动员卡纳耶娃、德米特里娃获得,个人第 3 名由白俄罗斯运动员恰卡斯娜获得。

在 2016 年里约奥运会上,艺术体操团体比赛冠军依旧属于俄罗斯,他们也实现了在该项目上奥运会五连冠,西班牙获得银牌,保加利亚获得铜牌。在个人比赛中,冠军属于俄罗斯运动员马蒙,马蒙的同胞库德里亚夫屈居亚军,乌克兰的里扎迪诺娃收获铜牌。

第二节 艺术体操的特点与内容、作用

一、艺术体操的特点

(一)以节奏性为中心,以自然性和韵律性为基础

艺术体操是以节奏性为中心,以自然性和韵律性为基础的运动。所谓节奏,就是"动力在时间、空间上的合理分配",即动力在时间、空间上得到最合理的分配,用最省的力量完成最复杂的动作。紧张与放松是把握节奏的根本,摆动、弹性和波浪动作是节奏运动的最基本动作。自然性动作是指人体在自然状态下的运动规律,按照人体运动的自然法则所进行的运动。如人体运动时,身体的中部是主动部位,由它牵动上肢和下肢。

艺术体操动作中,身体肌肉的紧张和松弛是表现出动作节奏的关键;表现节奏性的基本动作就是摆动、波浪和弹性等动作。艺术体操以摆动性动作、波浪性动作和弹性动作为基本运动形式,动作的动力性较大,在艺术体操动作过程中,必须合理调节各肌群的紧张与放松关系,控制好在不同空间和时间上的肌肉用力程度,避免不必要的紧张,使其自然流畅、协调优美,富有韵味,具有节奏性和韵律性。完成动作时,无论是上肢、下肢和躯干动作,都应根据人体运动的自然法则和要求,从胸、腹的中线开始发力,传递到各部位来完成。每一个动作都有它的起点和终点,都要掌握其基本的节奏和用力的分配,波浪这一自然性动作就是艺术体操动作的典型。

在艺术体操运动中,理想的音乐节奏是内在节奏(呼吸和对音乐的理解)与外在节奏(动作的大小、快慢、强弱)的有机统一,各种动作按照音乐的内容和节奏变化表现出力度、速度、幅度上的对比和变化,形成节奏的完美一致。

第一章 艺术体操运动概述

(二)在音乐伴奏下进行

从艺术体操运动的发展来看,音乐可谓是艺术体操的灵魂。在音乐节奏的伴随下,运动员充分体现出动作的韵律性和节奏性;反过来,动作与音乐的和谐与协调又能让音乐增色不少。因此,音乐是构成艺术体操完美整体的重要因素。

在艺术体操中,音乐不仅能激发练习者的情绪,提高练习者的兴趣,而且能发展练习者的想象力和表现力,培养动作的节奏感,促进身心全面发展,同时还能有助于练习者合理掌握"力"的运用,进而准确并轻松自如地完成动作。

音乐可以使艺术体操的表演更富有感染力,给观众以更完美的艺术享受。音乐的节奏和情感必须与所做动作的节奏和情感相一致,动作应充分表达音乐的情感,只有这样,才能发挥出音乐的灵魂作用。

(三)利用轻器械进行练习

艺术体操是身体动作和器械动作的结合,手持轻器械做动作是艺术体操的主要练习内容,合理地运用轻器械是其特点之一。利用轻器械进行练习能发展动作的协调性和提高肌肉用力的敏感度,器械是身体的延长部分,通过进一步加大动作幅度使动作更有节奏,达到更美的目的。

艺术体操运动员在完成优美的身体动作的同时既要表现出操纵轻器械的技巧,又要充分利用各种器械的特性,使用各种器械对身体动作起到辅助作用,被视为身体某一部分的延长,它起到加大整体动作幅度的作用。

在器械的技巧上,不应把器械当作额外的工具,在任何情况下都要使器械动作与身体动作相结合,协调一致,融为一体。有的轻器械动作虽然发力点远离身体中部,如用腕关节发力完成,但与整个身体动作协调统一。如果艺术体操离开了轻器械动作,而只有单纯的身体动作,就失去了艺术体操的特点,同时也没有价值和意义。

(四)内容丰富,形式多样,简便易行

艺术体操由于内容丰富,形式多样,不受场地器材的限制,所以很容易在高校和中小学普及。各级学校根据自身条件和学生的特点,可选择不同的动作类型和不同的器械动作作为练习内容。无论是室内室外都可以练习,只要空间足够、场地平整即可。

二、艺术体操的内容

艺术体操内容丰富,形式多样,且新颖独特。根据动作的性质与形式,艺术体操可分为徒手练习和持轻器械练习两个部分。

(一)徒手练习

艺术体操徒手练习是艺术体操初学者首先要掌握的一种练习方法。徒手练习主要包括手臂和腿的基本练习、基本步伐与舞蹈步练习、摆动和绕环练习、躯干弯曲练习、波浪练习、平衡练习、转体练习、跳跃练习、弹性和松弛练习以及近似技巧动作练习等,这些练习能够向任意方向进行。

艺术体操徒手基础练习部分借鉴了芭蕾舞基本训练的内容,如芭蕾中的把杆练习、中间的控制练习以及跳跃练习等;同时,也吸收现代舞和爵士舞中的一些基本动作,以及中国古典舞中的一些舞蹈技术,如翻身、卧鱼、小蹦子以及"过门槛"等动作。

在艺术体操中,徒手练习是最基础的技术动作训练方法。通过徒手练习可掌握各类身体动作技术,发展一般及专项身体素质,培养协调性和节奏感,艺术体操初学者只有在正确、熟练地掌握了各种徒手动作后,才能将成套动作完成得更加准确、优美,幅度更大,质量更高。所有的轻器械动作都要与身体动作紧密地融合在一起,器械动作必须在同时完成一个身体动作或有难度的徒手动作时才算其有难度。因此,艺术体操初学者首先要学习徒手动作,熟练掌握徒手练习的技术动作,为器械练习打下坚实基础。

(二)器械练习

艺术体操的轻器械多种多样,其练习方法也非常丰富。以下将详细介绍国际体联正式规定的球、绳、棒、圈、带五种器械和非比赛项目常采用的纱巾所包含的基本练习内容。

1. 球

在艺术体操练习中,球通常是初学者学习的第一种器械。运用球进行艺术体操练习,有助于艺术体操初学者发展身体的柔软性、灵活性、准确性与协调性。

球的基本练习内容有摆动、拍球、弹起球、"8"字绕球、抛接球、在身上和地面上滚动球以及转动球等。

2. 绳

艺术体操练习对绳的运用较多,运用绳进行的体操练习有助于发展弹跳力、灵巧、速度、协调性和耐力。由于绳子长而细软,要使绳在空中保持形态不变,收放自如,就要求运动员必须掌握体操运动的动作节奏与用力方法。

绳的基本练习内容主要有摆动、绕环和"8"字绕、跳过绳、连续小跳和大跳过绳、抛接绳和缠解绳等。

3. 棒

在艺术体操练习中,棒是唯一需要运动员持两个器械的练习项目。棒要求运动员两臂同时、依次或向相反方向做各种动作,因此对练习者的协调性和判断力具有很高的要求。通过棒的练习,可有效提高练习者的灵敏性和协调性,能够培养勇敢顽强的意志品质。

棒的基本练习内容有摆动、绕环、不同方向的小绕环和五花,同时或依次的单棒或双棒的、同方向或反方向的、高或低的抛接棒、敲击棒等。

4.圈

在艺术体操运动中,圈是一种具有较大幅度、变化较多的器械。练习者对圈的运用可有效培养自身的灵巧、协调、快速和准确性及勇敢果断的意志品质。

圈的基本练习内容主要有摆动、绕环和"8"字绕、转动圈、旋转圈、抛接圈、在身上和地面上的滚动圈以及跳过圈和钻圈等。

5.带

在艺术体操运动中,带是一种常见的练习器械。带的练习给人以十分流畅和优美的感觉,有助于培养练习者的力量、灵巧、协调性和优美感。由于带长达6米,又十分柔软,故很容易打结和缠身,因此掌握带的技术需要有很好的协调性。

带的基本练习内容主要有摆动、蛇形、绕环、螺形、"8"字形及抛接带等。

6.纱巾

手持纱巾起舞是艺术体操运动中非常流行的一种表演形式。纱巾色彩绚丽,动作飘逸、柔美、轻捷,体现出丰富的艺术表现力,较易掌握,因而受到人们的普遍欢迎。纱巾在团体操、艺术体操表演中和学校艺术体操教学中得到广泛的运用。

运用纱巾进行的艺术体操技术动作练习,十分简单而且易于操作,其典型技术是摆动、绕环和抛接,另外还可持纱巾做波浪动作。

在艺术体操的集体项目练习中,除需要掌握各种器械的基本练习之外,还要求运动员学会同时使用两个器械和互相交换器械时接住对方器械的能力。在日常训练和正式比赛、表演时,除棒规定必须持两个器械外,其他器械也可持双器械进行,如双球、双带、双扇、双旗等。

三、艺术体操的作用

（一）增进女子健康，塑造健美形体

艺术体操具有全面锻炼身体的作用，有助于练习者身心的全面发展，塑造健美的形体。

艺术体操适合广大女性的生理特点和心理特点，是女生体育课非常好的可供选择的体育运动项目之一。通过艺术体操，不仅能使身体各部位得到锻炼，而且能美化人体形态。艺术体操的教学可以使许多平时不喜欢上体育课的女生通过艺术体操的教学变得活跃、积极，在增强体质的同时还能提升个人气质，改变自身的精神面貌。通过参加艺术体操的活动，使参与者加强审美能力，能够辨别美与丑，丰富了自己的精神生活，身心都得到健康的发展。

（二）健康教育作用

艺术体操所具有的健康教育作用是其受到学校重视的重要因素。艺术体操作为体育运动中的一个项目，首先具备的目的任务就是增强体质，健全体魄，因此它是健康教育的一种重要形式。在艺术体操中，具有代表性的动作是平衡、转体、跳跃、柔韧。各种类型的大跳小跳可以发展学生的腿部力量，有助于培养弹跳素质和耐力素质。转体动作以单脚为轴，它能体现人体在动态中的控制能力，培养练习者高度的协调性和空间判断能力。

在艺术体操中，平衡动作属于静态动作，要求练习者在最小的支撑面上完成各种姿势，并将动作维持一定时间，因此艺术体操对于培养练习者的平衡能力以及身体各部位的控制能力具有重要作用。柔韧动作能培养练习者良好的柔韧素质和躯干的屈伸能力，它可以利用各关节之间最大的活动范围来体现人体的柔韧美和线条美。此外，艺术体操中的波浪、弹性动作、摆动和绕环动作等,有利于女性正确姿势的培养,对肌肉富有线条美和弹性美,都有特殊的功效。

综上所述,艺术体操作为体育教育的形式之一,能全面培养锻炼练习者的身体素质,使学生在获得健康的同时,又塑造了美的形体,是健康教育的一种重要方法。

(三)审美教育作用

艺术体操所具有的优美动作和典雅气质,使美育在运动过程中得以充分体现,将美育和体育二者完美融合。从事艺术体操练习,不仅能有意识地美化人体,使身体各部位发育匀称,培养优美的形体和正确的姿势,而且还能通过对音乐的理解和运用,得到赏心、悦目、怡神的精神享受,陶冶美的情操,激发对美的追求,提高美的鉴赏力。艺术体操因其本身所具有的特点,赋予了该运动这一的特殊作用。艺术体操是向广大青少年进行审美教育的良好手段,它使美育与德育、智育、体育共同构成了完整的教育体系。

(四)娱乐作用

艺术体操除了有上述三种作用外,其艺术娱乐作用也是不可低估的一项重要内容。艺术体操让音乐进入到体育教学课堂,使学生得到舞蹈化的基本功练习,这些都对艺术有特殊爱好的女学生具有内在的吸引力。

相比令人感到枯燥的长跑、身体对抗过于激烈的足球和篮球、动作难度过大的竞技体操,艺术体操往往会受到更多女同学的青睐。当体育呈现出艺术化的色彩后,体育的教育作用则能促使艺术的娱乐作用得到进一步的发挥,不仅使参与者受到艺术的熏陶和获得美的享受,同时又锻炼了身体,增强了体质。艺术体操会使她们中的许多人由被迫到主动,由"要我练"到"我要练",从而爱上这种运动,这就是艺术体操娱乐教育的作用所在,也是启发人们认识到要把体育作为终身教育的一种重要手段和方法。

第一章　艺术体操运动概述

由以上内容可以看出,艺术体操所具有的重要作用对广大青少年女性来说是不容忽视的。青少年学生可塑性强,通过艺术体操来健全其身体,用美育教育培养其高尚的情操,应大力提倡和开展艺术体操进校园,使其成为学校体育教学中常见的项目。

第三节　艺术体操的术语与竞赛规则

一、艺术体操的基本术语

艺术体操术语的正确运用,可促使教学、训练工作的顺利进行,有助于正确表达、理解和快速掌握艺术体操的技术动作,有利于经验的积累与交流。

艺术体操的基本术语主要包括徒手动作的基本术语和器械动作的基本术语,下面分别来研究。

(一)徒手动作的基本术语

在艺术体操中,徒手动作的基本术语是一个重要组成部分。徒手动作,是指手不持器械的身体动作。由于艺术体操动作具有体操动作的特点,因此体操中常用的徒手动作基本术语,艺术体操也均能采用。此外,艺术体操徒手动作还有以下常用的基本术语。

1. 伸

伸即弯曲关节的伸展动作。如伸臂、伸腿。

2. 举

举即伸直或弯曲的臂或腿以肩关节或髋关节为轴,由低向高举起,停止在某一位置的动作(活动范围不超过180°)。如两臂前举、右腿屈膝前举等。

3. 屈

屈即关节弯曲的动作。如屈肘、屈膝、体前屈等。

4. 摆动

摆动即以某关节为轴，以身体某部位为半径所做的钟摆式弧形动作。如以肩关节为轴手臂的前后、左右摆动。

5. 绕

绕即身体某一部位移动范围在180°以上、360°以下的弧形动作。如两臂经前向上绕至后上举。

6. 绕环

绕环即身体某一部位移动范围在360°或360°以上的圆形动作。绕环动作主要有以肩为轴的大绕环、以肘为轴的中绕环、以腕为轴的小绕环、躯干绕环、头颈绕环等。

7. 弹性（动）

弹性（动）即身体某一部位的关节有节奏地连续完成屈和伸的动作。如两腿弹动。

8. 转体

转体即身体绕垂直轴转动的动作。动作的名称是由转体时的身体姿势决定的。如单脚站立转体、双腿交叉转体等。

9. 平衡

平衡即用单脚、单膝或臀部支撑在地上，身体保持某一静止的姿势。动作的名称是由平衡时的身体部位或身体姿势决定的。如单脚提踵俯（仰）平衡、臀平衡、单膝跪平衡等。

10. 倾

倾即身体与地面形成角度的动作。

11. 倒

倒即身体保持一定的姿势,利用重力,向地面倒下成坐、卧、撑的动作。

12. 波浪

波浪即身体某部位各关节依次按顺序做柔和、连贯的屈伸动作。如手臂波浪、身体波浪。

13. 跳跃

跳跃即单脚或双脚蹬离地面使身体腾空的动作。动作的名称是由身体腾空时腿和躯干的姿势决定的。如向前大跨跳、侧跨跳、挺身跳、向前屈膝交换腿跳等,结合跳的高度和空中动作幅度的不同,还可以分为小跳、中跳和大跳。

14. 步法

步法即用特有节奏进行的脚步移动的方法。包括各种走、跑、舞步等。

(二)器械动作的基本术语

对多种器械的运用是艺术体操的一大特点。根据轻器械的形状及运动特点的不同,除有共用的基本术语外,还有各项目特有的基本术语。

1. 共用的基本术语

(1) 水平

水平,即器械运动的轨迹与地面平行。如右手托球做头上向外水平大绕环。

(2)垂直

垂直,即器械运动的轨迹与地面成90°。如右手持圈前举,体前垂直向外转动圈。

(3)摆动

摆动,即以肩(肘、腕)为轴做的钟摆式的弧形动作。如两手持两绳端,向左、右摆动绳。

(4)绕和绕环

绕和绕环动作与徒手动作的绕和绕环相同。如两手持纱巾,体前向左大绕环至左侧举。

(5)"8"字动作

手持器械连续做两个方向相反的圆形绕动动作,器械运动的轨迹构成"8"字形。如右手持圈做体侧"8"字绕环。

(6)抛

抛即通过身体某部位的动作,使器械离开人体,飞向空中的动作。如右手向上抛球。

(7)接

接即将运动着的器械停落在身体某一部位的动作。

(8)交换器械

交换器械即集体项目中两人或多人通过多种动作形式,接握住他人的器械。

2.各项器械动作特有的基本术语

(1)球

拍球:用手掌或身体其他部位向下按压球,使球从地上弹起的动作。

滚球:指球在身体某部位或地面上,由于接触面的不断改变,在转动中产生位移的动作。

转动球:球沿双手或单手的手心手背绕其自身的横轴或垂直轴在手中转动的动作。

旋转球:球在地上或身体某部位做绕其自身垂直轴转动的动作。

(2)绳

摇绳跳:两手握绳,向前、后、侧做圆形绕动,同时两脚从绳上跳过的动作。如前摇绳跳、后摇绳跳等。

(3)棒

小五花:两手各持一棒,两手腕靠拢,以腕为轴做连续依次的绕"8"字动作。

敲击:指两棒有节奏地相互碰击或打击地面的动作。

不对称动作:两手各持一棒,同时做不同的动作。

(4)圈

旋转圈:也称陀螺转圈。指圈以自身的垂直轴为转轴所进行的绕动动作。

滚圈:指圈在身体某部位或地面上,由于接触面的不断改变,在转动中产生位移的动作。

跳过圈:指跳起从圈中通过、从圈上越过或在圈的摆动中跳过等。

翻转圈:指圈以自身的横轴为转轴所进行的转动的动作。

(5)带

螺形:手持带棍,以腕为轴做连续小绕环的动作,使带形成螺旋图形。具体包括水平螺形和垂直螺形。

蛇形:手持带棍,以腕为轴做上下或左右的连续小摆动的动作,使带形成波浪图形。具体包括水平蛇形、垂直蛇形。

(6)纱巾

纱巾的基本术语与器械的共用术语相同。

二、艺术体操的竞赛规则

(一)比赛场地与器材

艺术体操比赛场地要求是长和宽均为13米的正方形场地。运动员或器械触及了边线,即判为出界,每出界一次将由裁判协调员从平均分中扣 0.1 分。

艺术体操使用的器械有统一的规格,具体参见表 1-1。需要注意的是,器械不符合规格要求会被酌情扣分。

表 1-1 各项器械的标准

名称	长度	直径	质量	其他
球		18~20 厘米	至少 400 克	
绳	自定			无柄有色
棒	40~50 厘米	棒头最多 3 厘米	至少 150 克	
圈		80~90 厘米	至少 300 克	
棍	50~60 厘米	最多 1 厘米		
带	至少 6 米		至少 35 克	宽 4~6 厘米

(二)比赛内容

在正规比赛中,艺术体操主要分为个人赛和集体赛两种类型。其中个人赛包括团体赛、团体决赛、个人全能赛、个人单项决赛四种,集体赛主要包括全能赛和单项决赛两种。

个人项目所使用的表演器械主要有球、绳、棒、圈、带,此外,国内少年比赛增设徒手项目比赛。集体项目每次要比两套动作,一套动作是相同种类的器械,如五人球、五人棒等;另外一套是不同种类的器械,如两人球、两人棒、三人圈、三人带等。比赛项目的规定由竞赛规程决定。

目前,艺术体操比赛动作均为自选动作,运动员根据规则的要求编排动作。在低一级的比赛中,也可以进行等级大纲中规定动作的比赛或规定难度自编成套动作的教学比赛等。

(三)裁判方法

1. 裁判组的组成

在艺术体操比赛中,裁判组主要由 1 名总裁判长和 1~2 名

第一章　艺术体操运动概述

副总裁判长组成，他们共同领导和组织裁判员的全部工作。

除总裁判以外，监督组或高级裁判组也是裁判组的重要组成部分，其成员由艺术体操的裁判专家组成，负责监督执行裁判员的评分情况。

执行裁判员是全场比赛进行具体评分的裁判员，他们要对运动员的表演按照规则的要求进行公正准确的评分，并公开示分。

裁判协调员则负责进行核实计算最后得分，一般由 A1 组的 1 号裁判兼任。

辅助裁判同样也是裁判工作不可缺少的重要组成部分，计时员负责运动员完成成套动作的计时，超过时间或时间不足要报告裁判协调员。

记录员要及时把每个运动员的得分报告总记录处。

视线员的职责是监督并指出运动员或器械是否出界。

检查员负责在比赛前和比赛后检查运动员使用的器械是否符合标准。

放音员要准确无误地播放每个运动员的音乐。

检录员要及时组织运动员按比赛的出场顺序入场。

宣告员除了要报告每个队、每个运动员的得分外，还有主持整场比赛的任务。

上述人员都在各自的工作岗位上有条不紊地进行工作，以保证艺术体操比赛的顺利开展。裁判组的组成具体内容如图 1-1 所示。

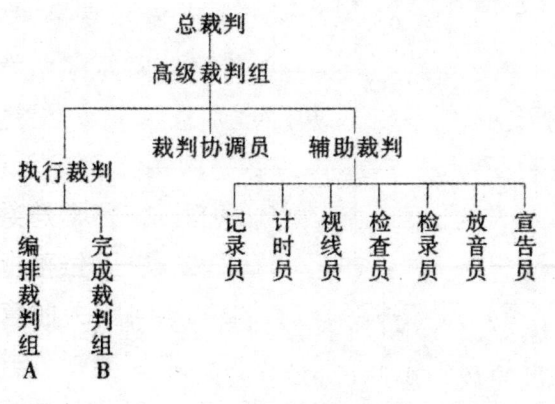

图 1-1

2.裁判员的评分方法

在艺术体操比赛中,个人项目和集体项目的比赛均有两个裁判组同时进行评分,一个是编排裁判组(称 A 组),专门评定成套动作的编排情况,其中包括 A1——技术价值的编排和 A2——艺术价值的编排;另一个是完成裁判组(称 B 组),专门评定运动员艺术体操动作的完成情况。个人项目和集体项目均由 7~14 名裁判员组成,其中 A1 组的 1 号裁判兼任裁判协调员。各裁判组的分值分配具体内容可参考表1-2。

表1-2 各裁判组的分值分配

项目 分值 内容		起评分	编排加分				完成加分				最高分	总分
			技术价值 A1		艺术价值 A2		表现力	熟练性				
			4个B组难度	补充难度	艺术舞蹈独创	器械精通		准确无误	特大幅度	特别一致		
个人	编排组 A1	4.7	2.00分	3.00分							5.0	20.00
	编排组 A2				0.2分	0.1分					5.0	
	完成组 B	9.7					0.1分	0.1分	0.1分		10	
集体	编排组 A1	5.5	4个交换难度 2.00分	2.00分							4.0	20.00
	编排组 A2				0.4分	0.1分					6.0	
	完成组 B	9.6					0.1分	0.1分	0.1分		10.0	

在艺术体操比赛中,所有裁判员必须独立评分,然后把记分单交给该项目的裁判协调员,并分开示分。

3.最后得分的计算方法

将技术分、艺术分和完成分相加,即为运动员的最后得分。每个分去掉或不去掉最高分和最低分视情况而定。

此外,如果比赛时运动员出现了裁判员扣分范围之外的错误,裁判协调员要按规定从平均分(或总分)中扣除,扣除后的分数为最后得分。裁判员扣分范围以外的错误主要包括:超时或时间剩余;运动员或器械在界外;器械或服装不符合比赛规定;使用替换器械;运动员、教练员或乐师有违纪行为等。

4.决定名次的计分方法

艺术体操比赛的计分方法如下:

个人全能赛中运动员四项得分相加总和为全能总分,最高分为 20 分×4=80 分。个人单项决赛是根据运动员在单项决赛中所得分数来决定单项决赛的成绩,最高分为 20 分。

集体全能由两套动作的得分相加计全能总分,最高分为 20 分+20 分=40 分。集体单套决赛的计分是由单套决赛中的成绩来定,最高分为 20 分。

第二章 艺术体操的教学发展研究

发展一项运动要从青少年抓起,这是体育运动的规律。因此,要想让我国有更多的人爱上艺术体操,提高艺术体操的影响力,扩大艺术体操的受众,就要使艺术体操运动进入到学校体育之中,即全面展开艺术体操的教学工作。由于艺术体操进入我国的时间较晚,因此在教学方面还有很长的路要走。学校体育部门及领导、体育教师要高度重视艺术体操的发展,采取积极的措施和手段促进艺术体操教学质量的提高。

第一节 艺术体操的教学特点与任务

一、艺术体操的教学特点

(一)教学内容丰富多样

艺术体操属于非周期性的运动项目,其动作复杂多样、创新尝试层出不穷。徒手及器械动作内容、数目之多,在体育运动项目中屈指可数。在其他运动项目的教学之中往往会出现一个动作、一个姿势要重复练习几次的情况,从而导致了教学环节重复多、教学内容单一的缺点。艺术体操动作内容的丰富多样,决定了其教学手段、组织形式的丰富性、多样性,同时也决定了它具有较为全面的锻炼价值,可以促进练习者身体素质的全面发展。

第二章 艺术体操的教学发展研究

(二)根据内容使教学阶段环环相扣

艺术体操动作教学有着不同的阶段,通常是从学习最简单的基本动作逐渐过渡到掌握较复杂动作的过程,即由简单到复杂。艺术体操的动作内容具有连续性,如学习一个基本步伐,首要目标是掌握它,深层目标是用它来连接和发展比它更复杂的动作。此外,在教学中还要考虑到学生年龄结构,生理、心理特点以及不同练习者的基础水平,采用不同的教法。只有重视各教学阶段的特点,选择适当的教学内容、方法及手段,才能有针对性地提高教学效率。

(三)营造艺术化的教学环境

艺术体操是一项艺术性很强、充分体现运动美的项目,在教学中处处强调以"美"为准则,营造艺术化的教学环境。艺术体操的教学环境应该是一个开放的系统,其中物质的、有形的要素构成了具体的艺术体操学习环境,主要包括明亮的灯光,干净平整的场地,良好的通风和采光,优质的音响设备,合适的服装与器械等。此外还有无形的、精神的教学环境要素,具体包括教学活动中的各种人际关系,班级学习艺术体操的风气及心理氛围等。

在艺术体操教学中,教师要协调教学环境中各因素间的相互关系,为学生营造一个充满艺术气息的学习环境,营造和谐融洽的教学人际关系,从而促进艺术体操教学活动的顺利进行。

(四)教学过程中保持规范的姿态

艺术体操是以人体的姿态美为直观表现的,动作表现无论是折合与伸展、柔美与挺拔、粗犷与优雅都有"形"可见,可以给人直接的视觉冲击和情绪感染,使观赏者感受到运动的旋律和艺术的美感。因此,培养正确的姿态是表现动作美的关键,也是青少年生长发育中不可忽视的问题。

在艺术体操教学中,要始终注意培养学生身体的挺拔感,增强站姿、坐姿、走姿的规范,并对体形加以约束,如膝、脚面的绷直,腿部的外开,收腹、立腰姿态的控制,手形与手臂位置的准确以及头部动作、面部表情、眼神的配合等,都应达到规范身体姿态的要求。

(五)充分利用音乐伴奏

优美的音乐可以提高学生的学习兴趣,有助于其发挥想象力,产生丰富的艺术表现力,使学生充分表现动作的内在感觉及美感。对于初学者来说,音乐不仅仅是单纯的"节拍器",而是通过听音乐做动作,培养节奏感,有助于学生充分理解动作的节奏。在教学中,选配的伴奏音乐应结构简单、通俗易懂、节奏感强、易于表现,乐曲的节奏、速度、长短应与动作和谐一致。教师在教学中不仅要教动作,而且要重视对学生音乐素质的培养,有针对性地讲解一些不同节奏音乐的特点,并培养他们对各种风格音乐的欣赏能力。

(六)对组合动作有较高的创新要求

艺术体操各类组合动作的练习是培养学生协调性、韵律感、表现力以及巩固和提高各类形体动作、运动技术的有效手段。组合练习的编排既要符合教学的任务和学生的水平,同时也要反映当前组合动作发展的新趋势。

所以作为教师来说,不仅要具有教学方面的专业技能,还要具有动作编排创新的能力及人体美学知识,能根据艺术体操运动的本质特点及动作结构、时空特征、运动方式、风格特点、音乐等诸多因素进行有机的组合创编,不断推出新的组合动作,丰富课堂教学内容。

(七)身体与器械的动作紧密配合

身体动作与器械动作紧密配合是艺术体操运动的显著特点之一。不管使用何种器械,对整个动作来讲都具有辅助作用,所以应把器械看作是身体某一部分的延长,起到加大整个动作幅度的作用。为了使身体动作和器械动作有机结合,初学者应在掌握基本身体动作之后学习器械基础技术。

(八)教师展现出综合素养

在艺术体操教学中,教师自身的综合素养对学生获得艺术美的直观感受具有重要的作用。教师健美的身形、高雅的气质、饱满的情绪、整洁的着装、优美的示范、简练生动的讲解、准确清楚的口令、及时的动作提示与纠正,对激发学生学习兴趣,感受艺术体操优美的运动旋律,促进师生双方配合顺利完成教学任务有着积极的作用。

因此,教师应充分营造艺术体操课堂中的艺术氛围,以充沛的精力、规范的动作、优美的身姿、良好的气质去教导和影响学生感受这项充满魅力的运动。

二、艺术体操的教学任务

(一)在建立空间意识的基础上形成动作概念

所谓的空间意识,就是指与身体动作关系密切的空间知觉,它具有广度、高度、深度的三维性。在完成各种不同重心(高、中、低)、姿势、高度、远度的动作变化以及器械在不同层次、结构、方位的变化等方面,空间意识都具有特殊的作用。在针对青少年生理、心理特点论述运动技能形成机制的理论中,英国教育心理学家韦尔福特认为,青少年是凭借感官接受信息,通过动觉意识指导自身活动的。而艺术体操动作的学习就是以运动知觉开始,以完成身体动作结束来表达运动能力的。

由此可以看出,艺术体操大量的动作完成与人体的正常活动不太一致,这就使得动作的运动形式具有一定的特殊性和人为性。因此,学习艺术体操的初学者必须建立起新的动作概念,而这种新概念的形成的主要决定性因素就是空间意识的建立,也就是说,要求在建立空间意识的基础上形成动作概念。

在艺术体操教学中,具体可以将空间意识分为两大类,一类是个人空间意识,一类是整体空间意识(表2-1)。这两类空间意识在结构与教学内容方面都有一定的差异性。个人空间意识主要涉及不同的身体部位、不同感官参与不同练习方式(方向、路线、水平等)时的专门化空间知觉。整体空间意识主要是指在个体与外部空间关系中的专门化运动知觉,如空间的高度、与同伴的距离、移动方向等,常存在于较大的空间范围内,如在户外、体育馆及舞蹈室等。

在教学初期阶段,学生对技术动作的肢体运动尚未获得任何经验的情况下,教师应采取直感教学法来提高学生的空间意识,即利用视、听、皮肤触觉及本体感觉等多种感官,帮助学生建立正确的肌肉感觉及动作节奏。学生具有较为良好的空间意识,不仅能够使学生对肢体运动及器械运动的控制能力得到一定程度的提高,而且还能够在更大的时空范围内与同伴协同配合完成动作。

表2-1 空间意识的结构及教学内容

个人空间	1.路线 —地面图形 —与移动之配合	2.方向 —斜角 —向上 —向下 —前后 —左右	3.水平 —高 —中 —低	4.速度 —快 —慢	5.节奏感 —韵律 —快 —慢 —强 —弱	6.重复 —不称 —不对称
整体空间	1.跟随路线 —越过 —穿过 —绕过	2.合作 —双人合作 —三人合作 —多人合作	3.相互平衡 —相互配合 —相互推位 —相对动作	4.障碍 —同伴障碍 —支撑同伴 —移动障碍	5.配合 —合唱 —轮唱 —互转	6.队形变化 —凝聚 —散开 —变化

(二)培养良好的器械感并深入探索

所谓机械感,就是通过视觉、触觉、动觉、平衡觉、机体感觉等

第二章 艺术体操的教学发展研究

多种感官信息分析与综合后产生的,人体与器械接触时的一种综合知觉。能精确感受器械所处的位置、距离、重量、体积、弹性以及器械的力量、速度、方向等,这是机械感的典型特征表现。通常情况下,对器械的感知程度越精细越敏锐,分化程度就越高,技术掌握也就越完善。

如果学生已经具备基础的身体控制能力,就可以尝试进行简单的器械练习。此阶段教学的主要任务使他们形成良好的器械感,这也是掌握和提高器械技术的必经之路。在安排教材内容时,教师应充分考虑教材的性质和特点,分析各类器械学习的异同点,最好从对器械的熟悉程度上安排学习的次序。比如,对于大多数学生来说,一般对球和绳较熟悉(有以前的经验),先选择这些器械进行教学,易形成积极的技能迁移,使他们在较短时间内获得成就感,这样不仅能够使他们学习器械技术的信心更加充分,而且还能使学生继续探索器械的不同运动方式得到进一步的改善和促进。比如,在学生原有会"拍球"的基础上,鼓励在不同平面上或变化节奏中拍球;在原有会"跳绳"的基础上,鼓励在移动或转体中跳绳。

在进行器械技术教学的过程中,应该以技术教学的进程和不同器械技术的要求为主要依据,有针对性地对多种肌肉感觉进行专门的强化训练,从而使器械感的快速形成得到更好地促进。比如,通过自抛自接器械,体验抛时臂在适度用力状态下的施力与接时控制器械的肌肉感觉;持不同重量的器械做摆动,体验对手指、臂部和躯干肌肉的压力和牵拉的感觉,以提高动作的协调性和控制力;轻重器械交替练习以感受肌肉紧张程度的变化;在不同高度、远近、左右、前后及移动中抛或接器械,提高学生对器械的控制、判断及适应能力等。此外,配音乐练习也是诱发动作创作灵感及培养动作节奏的较好手段。比如进行球的练习时,可以播放一些节奏清晰的音乐,学生就会随着音乐做类似拍球的练习;若播放的音乐是优美柔和的,学生就能联想到一些绕环或滚动球的动作。

综上所述,器械技术学习的重要发展阶段是器械感的形成。器械技术的练习内容丰富多彩,教师要充分利用此阶段青少年强烈的好奇心,为他们提供反复练习的机会,并根据学生的基本条件和训练水平,适当地提高器械练习的密度,有针对性地增加多种感觉的刺激和强度,同时引导、鼓励他们积极探索和发现新器械的运动规律,从而提高学生学习器械技术的效果。

(三)要对器械基本动作进行确切的识别

器械基本动作是艺术体操教学中重要的内容。当一定的器械感形成之后,器械基本动作掌握起来就更加容易,而器械动作的掌握又会进一步促使器械感的形成,二者相互渗透、相互促进,因此在教学中能够同步进行。此阶段教学的主要任务是学习器械的基本技术,建立完整的器械动作概念。通过对器械动作的比较分析,加深对动作技术、动作各部分之间、动作与动作之间关系的理解与掌握,以此来区分正确动作与错误动作的界限,从而达到举一反三的效果。在这个过程中,教师要积极引导学生独立思考,提高自身的创造力和创新能力。

在器械基本动作的教学中,要以运动技能间积极的迁移作用为主要依据,来对学生较为熟悉的器械进行有针对性地选择。比如,选择球作为起始点是比较常见的,因为绝大多数学生对球比较熟悉。当初次接触球时,大多数学生都可以进行类似拍球、滚动、反弹、抛接(虽然概念模糊、动作随意)等基本技术,这些动作均是艺术体操器械技术的动作雏形。教师可充分利用学生这些原有的运动体验,逐步引导他们去认识每个动作的正确概念,依照由浅入深、由易到难、循序渐进的原则,逐步提高动作完成的要求,使学生提高动作完成质量。当对熟知的器械有了初步识别后,再进行其他器械的学习,其新动作的学习过程就变得较为容易和简单。

另外,教师还要通过专业的术语对基本动作进行准确的描述,从而达到帮助学生建立正确的动作概念,形成正确表象,理解

第二章　艺术体操的教学发展研究

器械技术的性质的重要目的。比如进行彩带螺形动作的新课教学,学生常会把动作描述成龙卷风形或圆圈状,教师就要用规范的名称"螺形"及时给予纠正。

学生对规范术语的掌握需要做到以下两个方面:

首先,使学生能用准确的文字及语言表达或记写所学的动作,有利于促进交流、分享学习成果。

其次,由于器械的基本技术具有相似的成分,加强对术语的学习,从而使学生对动作概念的整体理解和把握做得更好。

例如,"摆动"是所有器械的基本技术,尽管"摆动"的形式有许多种,但如果学生掌握了某一种器械的"摆动",就能很快理解新器械的"摆动"要素及原理,可提高技能学习的效率。

此外,教师还能用启发式提问来,尽可能地使学生对术语的理解和记忆得到进一步的强化,如"这些动作类似什么形状?""如何移动球才能形成数字8?"等。

器械动作的基本元素参见表2-2。

表 2-2　器械动作的基本元素

绳	圈	球	彩带	纱巾
·摆动	·摆动	·摆动	·摆动	·摆动
·过绳跳	·绕环	·绕环	·绕环	·绕环
	·滚动	·滚动	·螺形	·波浪
	—身体上	—身体上	·蛇行	
	—地上	—地上		
·缠绳	·转动	·8字	·8字	·8字
·抛接	·抛接	·抛接	·抛接	·抛
·抛绳	·旋转	·反弹		
		·越过/通过		

(四)通过运用各种教学方法来进一步强化运动技能

在学生熟练掌握了艺术体操的基础动作后,教师就要因势利导,不断提出新的学习任务。此阶段教学的主要任务是通过逐步提高练习的要求和难度,在原有技能的基础上进一步深化学习内容,增加技能的储备量及技能的运用范围。

在艺术体操的教学过程中,教师要以学生的兴趣和实际水平为主要依据,认真钻研教材教法,掌握教材的内在联系,特别是在教学方法及手段选择上要力争达到多样化,从而进一步提高学生的运动技能水平。关于艺术体操教学的方法将在本章第二节进行研究。

在运动技能的深化阶段,教师要注重培养学生的观察分析能力,使学生进一步加深对动作的理解并巩固提高所学技术的熟练性。在教学中每完成一项任务,就要让学生对新学技能与原有技能进行对比分析,启发他们去发现这些技术动作之间的联系与差异,探索技术的内在规律,同时鼓励大胆运用已有的知识技能,创造新的基本动作或练习方法,提高对已有运动技能的应用能力。

(五)进一步创编并扩展组合及成套动作

艺术体操的教学组合一般是由3~4个技术动作连接而成,通常还要有静止的开始和结束动作。成套动作是由多个组合动作连接而成,内容多、时间较长。艺术体操是以组合及成套动作为表现形式的,在学生对基本动作有了较好的掌握之后,就要对学生已经掌握的这些基本动作进行综合的整理,并且通过平稳、流畅的方式连接成组合或小的成套动作进行练习,这不仅是教学的需要,也是扩展运动技能的必要手段。

对于练习者来说,创编组合或成套动作是开发创新思维和提高实践能力的极好机会。在创编初期,对于基础不同的学生要区别对待,有针对性地安排一些相应的创编任务,以达到最佳的学习效果。对于基础较差的学生来说,一般只要求做有开始和结束姿势的三个简单的连续动作即可。比如,在编排球操时,可将拍弹、滚动和抛接连接起来;编排彩带时,可将摆动、绕环和螺形连接起来。对一些基础动作掌握较好的学生,除上述简单连接外,还可将不同的路线、平面、方向或基本身体动作(单足旋转、大跳、

第二章　艺术体操的教学发展研究

移动、平衡等)结合起来,形成较复杂的连接动作或成套动作。

在创编动作的过程中,鼓励学生按照自己的兴趣和愿望去发现和探索,教师不能有过多的要求和限制,但可以提供一些有关编排方面的指导,帮助他们创作及设计结构框架,并做好记录。教师也可将各项目的基本动作元素归纳总结,写在表格里并贴在醒目位置,供学生进行选择。除此之外,教学组合及成套的编排还可以灵活改变练习的方式,增强练习的趣味性,比如采用双人、三人或多人小组的形式进行练习。小组形式的组合可以有路线和队形的变化,甚至还可以有一些简单的器械交换,形成一定的视觉效果。这样做,能够在使学生练习兴趣得到一定程度的增强,集体配合、互相协作的精神得到较好的培养和形成,还能够使一些有才华的学生在今后的教学过程中起到积极的团队带头作用。

艺术体操的组合动作或成套动作设计结构参见表 2-3。

表 2-3　组合或成套动作设计结构表

日期：	班级：
姓名：	小组成员：
器械：	
音乐：	
组合动作或成套动作顺序 1.开始姿势(静止造型)： 2.技术动作： ① ② ③ ④ 3.结束姿势(静止造型)：	

（六）全面评价学生的表现

表现与评价是艺术体操教学过程的最后阶段，此阶段的主要任务是提供一定的机会展示或表演学生创编的组合或成套动作，并由师生双方共同对学习成果给予一定的评定。在艺术体操教学的评价中，由于学生年龄、技术水平和基础不同，对其学习效果的评价也应有所侧重。一般来说，对于年纪尚小的学生来说，以教师评价为主，而对于年龄稍大的学生，应将教师评价、学生互评及自我评价结合起来，可以先鼓励学生进行自评和互评，之后教师进行补充和总结，从而创造一个公平、公正、民主的学习环境。

在艺术体操的教学过程中，教师要评价的内容主要包括两个方面，一方面是学生的学习结果，另一方面是学生的自我评价能力。对于学生来说，不仅要对教师的外部评价进行充分的理解、分析，而且还要学会自我评价及相互评价。通过表现与评价，不仅使学生的运动技术得到提高，而且对培养学生的独立性、创造性，促进个性发展，提高适应生活的能力都具有积极的作用。

学生来说，评价学习成果具有重要的激励作用，这一激励作用对于教师和学生来说有不同的作用。对于教师来说，评价学生的学习成果可及时获得教学的反馈信息，及时了解学生目前所具有的水平，发现自己教学中存在的不足，并根据获取的信息修正、调整或改进，从而确定今后具体的施教措施，设计适合的教学目标、学习单元等。对学生来说，当其表现获得教师及同伴的承认时，心理上会产生极大的满足感，从而增强自信心，提高学习积极性；当其表现获得否定评价时，能使他们明白自己哪里还有不足，分析原因，进而迎头赶上。

第二节 艺术体操的教学原则与方法

一、艺术体操的教学原则

(一)素质先导性原则

所谓素质先导原则就是在展开艺术体操教学前,要求学生必须具备足够的身体素质和心理素质。

首先,学生要具备一定的力量素质。艺术体操的许多动作都要求有足够的力量,所以优秀的力量素质是学习艺术体操的基础。

其次,对柔韧性素质也有很高要求。艺术体操的动作常需要以各种超常规的身体姿势来完成,这就要求人体必须有出众的柔韧素质。柔韧性不好不但会影响动作的幅度,还会影响到动作的顺利完成。

在艺术体操的教学过程中,要求学生具有一定的身体素质基础,不仅能够使技术动作更加专业、美观,而且还能够有效地防止运动损伤的发生。因此,在艺术体操教学过程中应树立素质先行的原则,系统地安排身体素质练习,根据青少年身体素质发展的规律,及时地发展学生的各种素质,并在学习新动作之前,有针对性地安排专门性的素质练习,为动作的学习打好基础。

(二)技能整体性原则

艺术体操的教学过程中,涉及的内容很多,其中,最基础的是一些简单的体操动作。众多不同的简单动作,合成一个相互联系的整体。这一整体的结构是立体的,每一个动作在这个体系中无论是在纵向上,还是在横向上,都与其他动作之间有着紧密的联系,每一个动作既是本项目中高级动作学习的基础,也可能是学习其他项目中技术结构相似的动作的基础,相同的技术要素将它们紧紧地联系在一起。

艺术体操技术结构的立体化特点对艺术体操教学提出了较高的要求。一方面,在制定教学计划时,要求从整体上认识艺术体操教学内容之间的技术联系;另一方面,要求教师以动作技能的迁移原理为主要依据,科学地安排教学,促进技能之间的正向迁移,提高教学效率和质量。

(三)审美性原则

在艺术体操教学过程中,始终要坚持对美的追求,即审美性原则。艺术体操自身具有极强的艺术性,因此在教学中必须遵循审美性原则。在艺术体操教学过程中,应追求姿态美、协调美、节奏美、表情美以及音乐与动作融合之美,要求学生在举手投足之间都要有艺术体操的品位,展示出自身动作的美感。

在追求美的氛围中,学生通过观摩、欣赏和亲身体验,会得到美的熏陶。在艺术体操练习中表现出的丰富的运动路线、优美的运动姿态、协调的肢体配合、和谐的运动节奏以及展示美的自豪感,都会使学生产生兴奋和愉悦的心情。在艺术体操教学中坚持审美性原则,不仅能够使学生经常体验到运动之美、形体之美,并逐渐将这种美感内化,提高他们感受美、欣赏美和评价美的能力。

(四)安全性原则

艺术体操不仅有一定难度的技术动作,而且还要借助于器械,因此,较容易发生一定的运动损伤。为了体现以人为本的精神,在艺术体操教学中,应当始终把安全性摆在重要位置,从多方面着手预防伤害事故的发生。

具体来说,艺术体操教学要求做到以下几个方面的要求:

第一,教师应当经常进行课堂安全教育,增强学生的安全意识。

第二章 艺术体操的教学发展研究

第二,教学步骤的安排应循序渐进,防止不切实际的冒进行为。

第三,加强课堂的组织纪律,适当控制一些兴奋型和表现型学生不自量力的行为。

第四,做好课前场地器械的安全检查工作,铺设好必需的垫子。

第五,教学中应加强保护与帮助,培养学生互相保护、帮助与自我保护的能力。

第六,加强素质练习,提高学生的身体素质。

二、艺术体操的教学方法

教学方法是指教师"教"的方式和教师指导学生"学"的方式的综合,它是实现艺术体操教学任务或目标的方式、途径和手段。为了在有限的时间内,把教学内容顺利转化为学生的知识、技能,使学生的身心得到全面发展,教师必须科学、合理地选择教学方法。

(一)直接教学法

直接教学法是指教师以直接的方式向学生教授知识的方法。这种方法着重帮助学生掌握特定技术,以技能为本,选择清晰、划一的成功标准,偏重讲解、示范和操练。

直接教学法采取以教师为中心的策略,通过教师直接讲解、示范,向学生提供教学信息,学生只要完成课程的要求、达到教师的期望,按指示和反馈去调整和改善动作表现,不需要太多的思考。运用直接教学法时,教师的讲解和示范尤为重要。

教师在讲解过程中,要注意动作的名称、方法、要领、练习形式及需要注意的关键问题等,讲解顺序一般是先下肢后上肢,最后是躯干动作。讲解要抓住动作的重点与关键,坚持精讲多练的原则。示范则是教师以自身动作示范,使学生了解所学动作的形象、结构、技术要领和完成方法,便于学生建立正确、清晰的动作表象。

示范过程中,既要注意动作的规范和要领,也要使学生能够清楚地看到教师示范的全过程和关键。对于复杂的技术动作,则要分阶段进行反复的讲解示范,并启发学生自己思考、分析动作,更快领会动作的难点和要点。尽管直接教学法对发展学生自身的创造力有一定限制,但在学习技术的初期或教学内容相对单一或为了突破某一个技术难点时是非常有效的。

(二)开放教学法

开放教学法是指教师提出各种各样的任务让学生自己去解决问题的方法。其优点在于为学生提供一个宽松的学习环境,有利于学生自己获取知识,提高实际操作能力,变枯燥乏味的灌输为主动自觉的学习,从而树立信心,取得较好的学习效果。

运用开放式教学,即使得到的结果不一定满足教师的期望,但能让学生通过自己的努力获得学习成果,这对激发学习兴趣,培养独立思考能力、探索能力,尤其是思维创造力具有显著功效。在教学中,当学生掌握某项基本技术时,教师就可以提出一些任务和挑战引导学生去积极思考和创新。对学生获取的结果进行评定时要采取"模糊"的评价策略,即不作出简单的对错评判,而是通过鼓励性的语言,引导他们去分析现象,培养自我分析、判断和独立解决问题的能力。在此过程中,还要鼓励学生与同伴合作,互相分享学习心得。

教师在运用鼓励性语言时要注意语言策略的使用。比如"你有多少种不同的方法可以让球弹起?""除站立之外,你可以让球在其他位置弹起吗?"等。教师要注意的是,避免使用"做给我看"或"我希望看到"之类的用语,这类指示词会造成学生为了应付教师而学,没有主动思考。

下列是以启发式的方式提出的问题,以帮助教师更好地运用开放式教学策略。

(1)"看看还有没有不同的方法……"

(2)"你能用多少种不同的方法去……"

(3)"你左右手都能展示一下……"

(4)"试着用器械来做……"

(5)"看一看你要用多长时间来完成……"

(6)"试着像这样……移动。"

(7)"你能随着这个音乐起舞和舞动器械吗?"

(8)"试着在组合中做2个或更多的技术。"

(9)"运用另一种方法在不同的水平面做这个练习。"

(10)"看你能不能用不同的器械来做同样的动作。"

(11)"继续做同样的练习,然后再增加……"

(12)"你能编一个组合用……"

(13)"完成同样的练习换另一个方向做。"

(14)"试着用不同的速度来完成同一个练习。"

(三)探究教学法

探究教学法是指教师在有计划的安排"发现"学习过程中,启发和指导学生去经历发现问题、解决问题的过程,并在独立的认知活动中获得知识、技术和技能,发展学生的创造性思维,分析解决问题的能力。

探究教学法与开放教学法都是以探究和解决问题为策略,但前者提供创造机会及挑战性更强,对学生独立探究能力要求更高。探究教学法对教材的内容结构要求较严格,在运用时其选择面会受到一定的限制,教师应根据不同学习阶段和所希望达到的效果来运用。

艺术体操每一个动作都是由身体、空间、动力、关系四大要素及相关动作主题构成及变化配合的结果,具体参见表2-4。

如图2-1所示,教师可根据探究教学原理引导学生根据原有的动作要素,按照个人的实际能力和动作主题来设计合适的动作。

表 2-4　动作的构成元素及变化

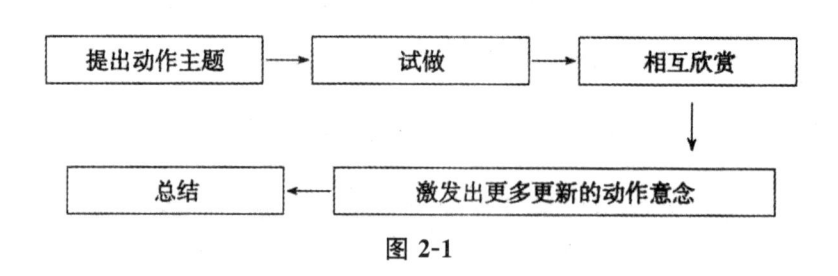

元素	身体	空间	动力	关系
主题变化	・肢体的运用（脚、膝、手、肘等） ・身体形态（块状、条状等，对称、不对称） ・身体活动（移动、跳跃、扭、翻、转等）	・方向（前、左、右上、左下前等） ・水平（高、中、低） ・路线（空中、地面、直接、迂回） ・伸展（远、近）	・因素（直、曲、快、慢、轻、重） ・韵律（有、无；自由、限制）	・互动对象（与肢体、与他人、与器械） ・互动模式（模仿、对比、同步、对话、互补、利用）

提出动作主题 → 试做 → 相互欣赏 ↓
总结 ← 激发出更多更新的动作意念

图 2-1

例如，教授某一单人动作造型，以不同的肢体部分做支点的变化至少有 5 个（双脚、一脚及一手、两手及一脚、两手及臀、臀及肘）动作，身体形态的变化至少有 3 个（对称块状、不对称块状、对称条状、不对称条状）动作，动作造型的水平高度变化至少有 3 个（高、中、低）动作。学生自己进行简单的排列组合，便可以设计出 60 个单人动作造型，即使当中有一半因难度过高而无法完成，学生依然可以做出另一半的动作。教师在此活动中主要起到引导者的作用，根据学生的表现给予适当的鼓励、建议，使学生自己主动归纳整理，形成自己的想法。

在探究教学法中不存在规定同一动作要求的情况，要真正做到以学生为中心，充分考虑到个体差异，使学生在学习过程中充分认识自我、挑战自我，获得积极的情感，得到有价值的运动体验。

(四)程序教学法

程序教学法是采用结构分析的方法,将教学内容划分成相关联的不同结构层次,在教师的引导下,学生选择一定的层次顺序进行学习,争取经过最少的程序阶段去掌握知识和动作技能。

该教学法的主要特点是通过由简单到复杂的各个程序教学阶段,将复杂动作简化为若干个步骤进行学习,在每一个阶段能充分利用反馈信息及时强化正确动作,抑制错误动作,确保集体教学中的区别对待。可分为直线式、分支式两种教学模式,直线式是将学习内容分成若干连续的步骤,制定出一定的学习序列,学生按其程序进行学习;分支式是将学习内容分成各个层次,其层次结构比直线式程序更为复杂,通常包含若干个直线式。对于完成快的学生可以不需要补充程序的帮助,按直线方式通过主程序,而对于完成慢的学生则可根据其情况经过补充程序的辅助来完成主程序。

在程序教学法应用过程中,教师的主要任务是根据教学内容为学生编制程序化的教材,学生的学习则是在教师为其设定的程序中进行的。

下面以"抛接球技术"教学为例,运用程序教学法对艺术体操教学进行设计。

(1)编制程序教学法工作过程,如图2-2所示。

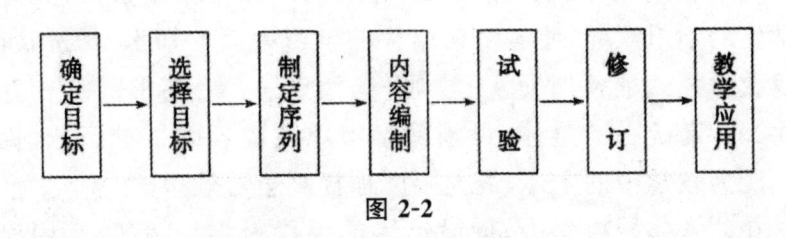

确定目标 → 选择目标 → 制定序列 → 内容编制 → 试验 → 修订 → 教学应用

图 2-2

(2)根据抛接动作的结构,按照从易到难的顺序排列,将技术分为七个环节,如图2-3所示。

(3)分析每个"小模块"的技术难点,确定教学单元,合理地分配各单元的教学内容,编出适合学生练习需要的内容。

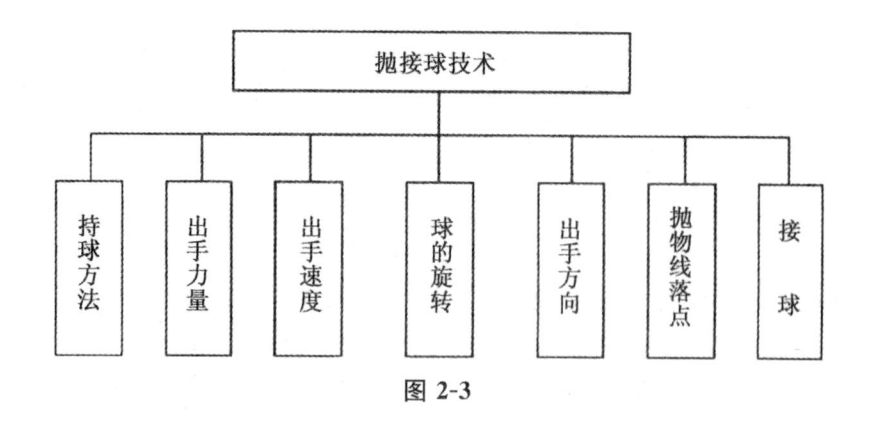

```
                            抛接球技术
    ┌──────┬──────┬──────┬──────┬──────┬──────┐
  持球   出手   出手   球的   出手   抛物   接
  方法   力量   速度   旋转   方向   线落   球
                                     点
```

图2-3

(4)进行实验。根据实验中反馈信息,适当调整方案,力求达到程序化教学最优化。

(5)教学实际运用。实施课程,完整进行教学。

程序式教学法兼具了导学式、研讨式、启发式、自学式教学的一些优点,体现了一种较为综合的教学思想,但在某些环节上还缺乏灵活性,需要其他教学方法的配合,才能取得更好的教学效果。

(五)情境教学法

情境教学法是指教师就是根据教学的内容现任务,运用多种手段创设情境,营造健康、和谐、活跃的时课堂教学氛围,充分激发学生的学习兴趣,使学生在愉快的学习中获取知识,增进技能。情境教学模式能使"情境—教师—学生"三者之间形成的相互推进而又和谐统一的整体,可消除学习单项内容的机械乏味,促使学生成为教学中的主体,最大限度地提高学习效率。

在艺术体操教学中,创设情境的手段很多。例如,运用语言描述创设情境,通过教师声情并茂,妙趣横生的教学语言,描述活动情节、过程,以及角色对话等,使学生如临其境,全情参与;运用图画显示创设情境,即用图板标示活动路线、方向,用挂图显现动作形态、过程等;运用歌谣与口诀创设情境,从学生的学习特点和认知水平出发,把技术动作要领编写成通俗易懂的歌谣与口诀,使朗诵与意念相结合,学习与锻炼相结合,尽快领会动作要领。运用动作模仿创设情境,即把各种派生的角色,通过形象的动作表现出来,如象行、马奔、兔跳、鸟飞以及人物的举止形态和走、跑、跳、投、攀、爬等活动。如采用"袋鼠跳",学习双脚起跳,双脚落地的跳类动作,体会协调用力的动作特点;运用声像工具和多媒体技术创设情境,当学习比较复杂的技术动作时,通过观看技术电影及录像,分析动作要领,使学生直接感受技术要领。此外,还可通过设置问题、故事、音乐、表演、游戏及比赛情境等都能增强学习效果。

情境教学法具体结构及运用步骤如图 2-4 所示。

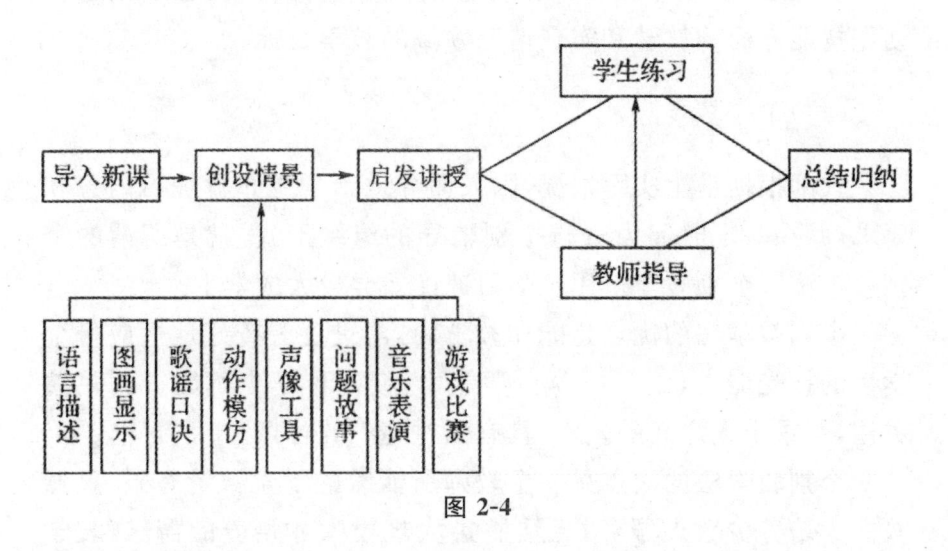

图 2-4

要注意的是,在创设情境的过程中,要符合现代学生心理特点、认知水平、生活实际和年龄特点,要体现"新""奇""乐"的具有时代性的情境过程,遵循由易到难的原则。此外,情境教学所着力点是如何使学生成为教育教学活动的主体,要尽量设置学生向往的角色,以激发学生的练习情绪,进而积极地参与教学活动。

(六)集体教学法

由教师按照一定的教学目标,依据一定原则,选择教学内容,设计教学过程,指导全班学生练习同一内容、同一学习进度的组织形式,就是所谓的集体教学法,也可称为班级授课制。通常情况下,该方法在开始准备阶段使用,适用于徒手练习、新授课及人数较少的群体性教学。

集体教学法的优点是可以使教师同时为许多学生提供教育,具有一定的规模效益,效率较高,有利于集中学生的注意力,便于集中讲解及示范,有利于教师容易控制和调整教学的进程,并能很好的促进学生集体观念的形成和发展,在培养学生的社会性方面有其独特的功能。

集体教学法的缺点是由于人数众多,集体教学难以适应学生在学习速度、学习方式和个性方面的个别差异,而且也不太适宜动作技能方面的教学和实现情感领域的教学目标。

(七)个别教学法

教师根据学生实际情况,因人而异地给学生布置练习内容和要求,并在一定时间内进行个别辅导的组织形式,就是所谓的个别教学法。个别教学适用于学习速度差异较大的学生。

个别教学法的优点是能在教学内容、进度等较好地适应每个学生的接受能力,便于培养自学能力,使每位学生都能得到足够关注,尊重个人之间的差距,具有因材施教的特点。

个别教学法的缺点是一个教师所能教的学生数量有限,显然只能为培养少数人服务,无法满足大规模人才培养的需求,教学成本高,教学效率低。

(八)小组教学法

根据教学或学习的各种需要,把全班学生分成若干个小组,每组布置一定的任务和内容,可以做相同的内容,也可做不同的内容,然后进行依次轮换组织形式,就是所谓的小组教学法。小组教学法通常用于复习课或学校场地器械不足、人数较多的教学。

小组教学法的优点是主要体现在三个方面。第一,有助于增

第二章　艺术体操的教学发展研究

强学生之间互帮互助的学习行为,扩大个人学习成果,有利于实现情感领域的教学目标;第二,通过小组开展讨论,强化理解,开阔思路,学会相互合作,完成动作组合或成套的编排,有利于形成良好的合作精神和人际关系;第三,通过小组内角色和责任的转换,使所有学生都有机会尝试不同的角色,如决策者、调节者、问题解决者以及技术指导者等。

小组教学法的缺点是对教师和学生的要求都较高,要求有良好的组织工作和学习准备,而且要激发所有的小组成员都积极参与小组活动也有一定难度,教师在教学进度方面往往不容易控制。

(九)同伴教学法

同伴教学法是指教师根据常规的集体教学,由接受能力强、技术较好的学生带领或帮助较差的学生共同学习的一种教学组织方式,可以是一对一或小组的教学形式。这种教学形式的使用范围是教学班级规模较大而无法照顾到学生个别差异。

同伴教学法的优点有以下几方面。首先,教学者与学习者的思维方式基本相同,教学者更容易理解学习者的学习内容及察觉学习中的困难所在,能抓住重点进行教学;其次,由于处于同年龄段,教与学之间是一种合作和积极的互动,学习者因没有压抑感而能表现出积极的学习态度,而教学者通过学中教、教中学的角色转换,自身的学习水平和能力也会有所提高,大大增强了其自信心;再次,通过同伴教学,学生之间团结互助的友谊得到了发展,培养互相学习、取长补短的好习惯和宽松的学习氛围,同时教师也节省了许多时间和精力,能更有针对性地指导教学工作。

(十)分半教学法

教师指导一半的学生学习新课,而另一半的学生独立进行练习或复习,然后两小组进行轮换的组织形式,就是所谓的分半教学法。分半教学法适用于学习较复杂的技术动作或场地器械不足的教学。

分半教学法的优点是有利于教师充分指导小组进行学习。

分半教学法的缺点是教师不能照顾整个班级,而只能限于所教的一半学生。

(十一)循环教学法

根据教学的具体任务,设立若干个练习站,学生按照既定的顺序、路线、依次完成每站练习的一种教学组织方法,就是所谓的循环教学法。循环教学法通常用于复习旧课程,当教学场地器械不足时也会用到该方法。

循环教学法的优点有以下几方面。首先,艺术体操器械内容较多,可为循环教学的内容提供多样化的选择,将不同的器械分设为多个练习站,组织学生依次练习,不仅节省时间、增大练习密度,同时能使学生在有限的课时内有多种器械体验。比如,跳过放在地上的圈→拍5次球→跳过2条绳→做5次带大绕环→将圈平抛向一个固定的标志并套住→做5个纱巾不同的摆动及绕环(图2-5);其次,可以设计不同的身体素质进行练习。例如,两头起→后踢腿→体前屈压腿→前踢腿→跳绳→背肌→跳上跳下(图2-6);再次,内容丰富,具有游戏特色,可以营造生动活泼的学习氛围,激发学生的兴趣及提高学习的积极性。

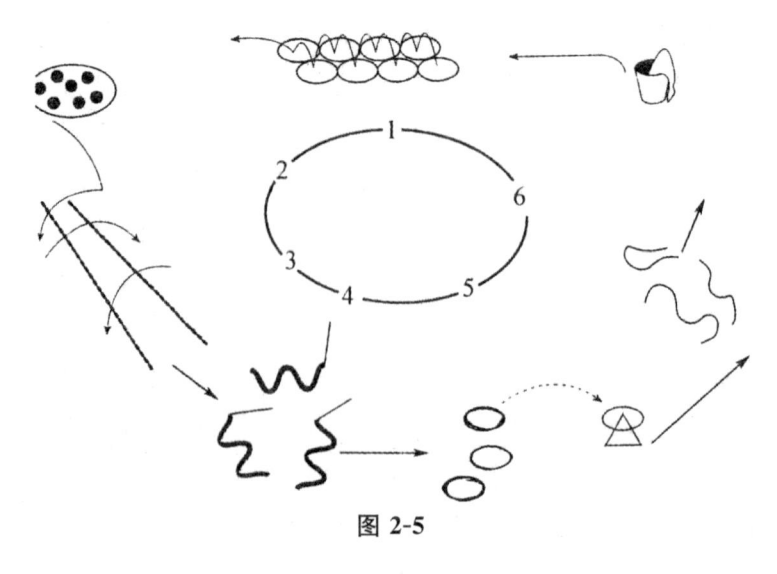

图 2-5

第二章 艺术体操的教学发展研究

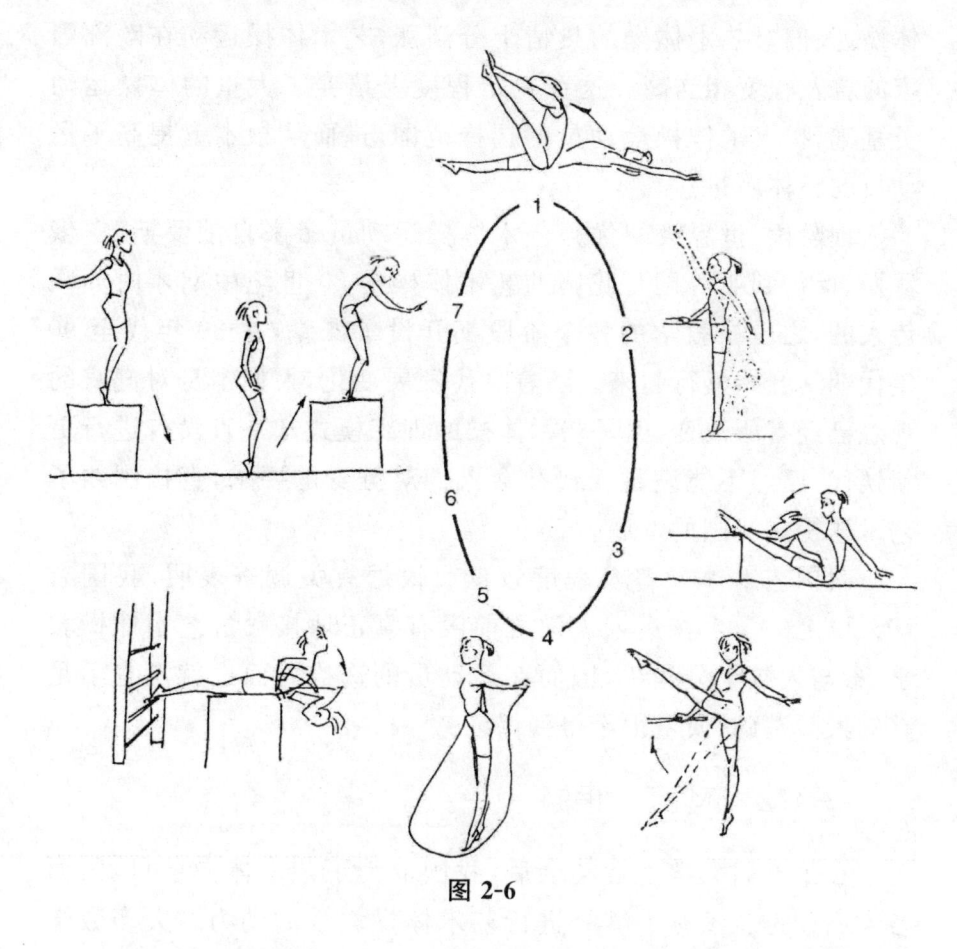

图 2-6

循环教学的缺点主要表现为：要求教师教学组织工作严谨，课前要有周密的计划，对设站数量、内容选择、练习顺序、练习强度、间歇时间及循环的遍数等进行统筹安排。

第三节 艺术体操的教学现状与未来发展

一、艺术体操的教学现状

当前，在大部分欧洲国家，几乎每个年龄段都有人练习艺术体操,人们对艺术体操的热情十分高涨,艺术体操运动在欧洲国家的普及程度相当高。这在一定程度上培养了大量的体操运动员基础,扩大了体操运动员的选择范围,进而从根本上提高了运动员的整体质量。

现阶段,世界级的优秀艺术体操运动员多来自俄罗斯、白俄罗斯、保加利亚等国。我国的艺术体操是20世纪中期才由苏联传入的,之后在教学的各个阶段都开设了课堂,在80年代至90年代期间开始盛行起来。随着时代发展变化,人们本身对健身的观念已经有所改变,但是艺术体操的训练模式却一直没有进行更新换代,已经不能满足现代社会人们对健身的要求,直接制约了艺术体操在我国的发展。

我国艺术体操普及程度较低。根据有关调查表明,我国有70%以上的学生在进入大学之前没有真正地接触过艺术体操教学,参与人数十分稀少,因而在运动员的选拔方面也就没有了足够的人数基础,质量很难得到保证。

(一)教学环境受到限制

在第五届大学生运动会后,我国取消了艺术体操项目,因而各大高校也就没有了继续进行艺术体操教学的动力。大多数学校对艺术体操教学采取了简化处理,甚至有些学校直接进行了课程的取消,这对我国艺术体操人才的培养是十分不利的。

(二)运动基础要求较高

要想很好地进行艺术体操运动,需要经过长期的练习,艺术体操在动作感觉方面有很高的基础要求,不具备一定训练基础的人很难对艺术体操的动作运用自如,对动作的要领不能很好地掌握,对体操运动中的乐趣不能很好地体会。

目前,我国的艺术体操已逐渐向大众化转变,动作更加容易,更利于艺术体操的普及和发展。如今,大众艺术体操已经有所发展,使得艺术体操更容易上手,普及面更广,这也是艺术体操改革的方向。

(三)器材和场地相对局限

艺术体操的器材和场地的选择是十分关键的,器材不足会导致教学形式过于单一,使学生在教学过程中没有足够的积极性,不能很好地对艺术体操的艺术价值进行体会。而随着我国高等教育的普及化,大学生人数越来越多,教学场地过于紧张,也不利于艺术体操教学质量的提高。

(四)教材匮乏

目前我国用于教学的艺术体操教材太过陈旧,没有进行及时的更新,供教师参考的教学资料严重不足,教学方法和组织形式都没有进行应有的改良,对教学水平的提高极为不利。这都使得艺术体操的教学枯燥乏味,不仅学生在学习的过程中没有兴趣,而且也不适应当今时代发展的需要。

(五)教师缺少培训

现阶段,我国的艺术体操教师人数明显不足,且已经就职的教师并不具备足够的专业水平。大部分教师在就职以后没有适时的进行专业培训,教学水平一直停留在就职之初的状态,无法满足艺术体操发展的需要,不利于教学过程中艺术体操艺术性和美感的展示,因此,必须对教师进行适当的培训,使其对艺术体操的发展及时掌握,在教学中更好地向学生进行传输。

二、艺术体操教学的未来发展

竞技艺术体操在新规则实施后,便朝着动作规格高标准化,单个身体动作结构复杂化,身体动作与器械技术一体化发展。美、难、新,是竞技艺术体操将来的发展方向。

在学位论文和专著发表上,从 2010 年至今出现快速增长的趋势,我国体育科研领域涌现出众多优秀艺术体操科研成果,高学历艺术体操人才开始出现。2008年北京奥运会优异成绩的获得和这些优秀科研成果的奠基有着重要的关系。由此可见,加强科学研究的是艺术体操发展的重要手段。我国艺术体操健儿取得的优秀成绩也带动了我国艺术体操的发展信心,让这项运动更广泛地进入了大家的视野,艺术体操项目发展更加迅速。

艺术体操项目在学校体育教学中的趋势将变得更加大众化。艺术体操在高校内发展的众多局限性,迫使艺术体操转向为更加适应于广大群众的普及性运动。艺术体操是个难美型项目,在普及过程中,放弃难度的追求,而转向"美"方面的要求,是竞技艺术体操大众化的发展方向。竞技艺术体操的发展给大众艺术体操做宣传与指导,大众艺术体操给竞技艺术体操提供坚实的群众基础,利于竞技艺术体操的长远发展。

第三章 艺术体操的训练发展研究

在上一章中我们研究的是艺术体操的教学,这主要是服务于学校体育教育,培养学生对艺术体操的兴趣;而要想真正培养出优秀的艺术体操运动员,提高我国艺术体操竞技水平,就要展开科学的训练。

第一节 艺术体操的训练理论

一、运动训练的概念

运动训练通常指的是以教练员和运动员为主体,在所有与运动训练有关的人员的积极配合下,以培养运动员的竞技能力,获得优异运动成绩,在比赛中争取好的名次为目的而有针对性进行组织的一种准备性的体育教育过程。

从运动训练的词语释义上来看,"训练"有教导、练习之意,指为提高某种机能,掌握某种技能而不断练习的过程。所以,训练是为提高竞技运动能力和运动成绩所进行的具有针对性的教育活动,运动训练是改造与提高人体的运动能力的全过程。

从实际来看,现代意义上的运动训练是为保持和提高运动成绩的所有因素和措施的总和,其本身包含更多内容。由此可见,运动训练不仅仅是在运动场上的身体性练习活动,还包括运动员选材,组织管理,生活管理,心理、智力与思想教育,以及运动恢复和营养补充等所有保持并提高运动成绩的过程。这个过程不仅有教练员和运动员参加,还有与过程有关的其他人员参与,包括科研人员、管理人员及后勤保证人员等。这种认识是根据现代训练的特点所形成的全新理解,是对运动训练在广义上的认知。

具体来讲,运动训练在概念上包括以下内涵:

(1)运动训练是专门进行的教育过程,运动训练和教育一样,以培养人的社会适应力与社会交往能力为直接目的;但运动训练又有其自身的特殊性,运动训练更倾向于运动能力的培养与提高。所以,在运动训练过程中,要结合运动训练固有的特点,强调训练的科学性,为国家培养优秀的体育人才。

(2)运动训练的主要目的是竞技能力的提升和运动成绩的刷新。运动训练不是随意进行的,有明确而具体的目标。运动训练以不断提高运动技术水平,不断创造优异成绩,争取比赛胜利为主要目的。因而,在训练中必须采取各种方法与手段来充分挖掘、培养、发挥人体机能的潜力,不断提高自我的运动能力和竞技水平。

(3)运动训练是在教练员与运动员共同积极参与下实现的。运动训练以运动员为主体,教练员则为直接组织者、实施者和指导者,如果失去了其中任何一方,运动训练就没有意义。运动训练的具体成果是通过比赛表现和运动成绩来实现的,所以在训练中既要发挥运动员的主体作用,又要体现出教练的主导作用;既要求运动员自己奋力拼搏、挥洒汗水,又需要教练的科学指导。教练员和运动员互相配合,共同配合,才能使运动员挖掘自身潜力,提高运动训练效果和比赛成绩。

二、艺术体操训练的目的与任务

艺术体操中,运动训练是一项重要构成部分。进行艺术体操训练的根本目的与任务是通过教师科学有效地指导,促使学生逐步掌握和提高艺术体操的专项身体素质、技术、心理、实战能力

第三章　艺术体操的训练发展研究

等,从而拥有健康的身心和健美的形体,在生活中以更好的面貌示人,推动我国艺术体操运动的快速发展。

艺术体操训练的目的与任务主要体现在以下几个方面。

(一)增强身体素质

优秀的身体素质是训练者顺利完成整套艺术体操动作的基础。艺术体操所需的专项身体素质主要包括有氧状态下及无氧状态下的代谢能力、肌体的力量与爆发力、背关节的柔韧性、身体的平衡与控制能力、肢体动作的协调能力及灵敏性、对空间位置和运动方向的敏感性、适应外界环境变化的能力。所以,只有具备了出色的专项身体素质,才能为高质量地完成技术动作提供基本条件和保证,从而保证技术动作的顺利完成。

(二)提高心理水平

艺术体操运动的特点要求学生必须具备健康的人格、良好的道德品质、稳定的情绪、灵敏的感知能力以及富有逻辑的思维和表达能力,学生需要在复杂的情况下很好地控制自己,使得完成的动作富有朝气、动感和现代感,尽可能达到完美的境界。但这些心理素质并不是人类与生俱来的,必须通过日常的培养和训练。因此,不管是艺术体操爱好者还是职业运动员,参加艺术体操训练的过程中必然会提高自身的心理素质水平。

(三)提高技术水平

艺术体操技术主要是根据艺术体操的基本原理建立起来的,它是艺术体操教学活动的重要内容,是形成艺术体操正确身体形态的有效途径与方法,是形成艺术体操项目外在特征与内在价值的基本保证。

艺术体操技术一般包括身体姿态(肢体与躯干在动作过程中的速度、幅度与控制能力)、弹动技术(缓冲的控制能力)、重心的转换(身体重心在运动中的平移控制)、高空落地(控制与缓冲)、转体技术(身体各轴面感知能力的建立与控制、旋转力的发动)、与同伴协调配合的技术(控制自己与同伴动作的一致性)等。

在艺术体操运动训练中,掌握上述技术,就能很好地参加艺术体操运动。但要注意的是,在学习艺术体操技术时应认真实践和总结,这样才能真正地掌握好艺术体操运动的各种技术,促进运动者技术水平的提高。

(四)促进我国艺术体操运动的发展

通过科学的艺术体操训练必然能在很大程度上推动我国艺术体操运动的发展。在艺术体操训练中,一项重要的任务就是在训练中不断地发现问题和解决问题,且做到不断创新,通过科学的训练,优异成绩的获得以提高艺术体操运动的知名度,使更多人熟悉和了解这项美丽的运动,从而推动我国整个艺术体操事业的发展。

健美的体魄是人们与生俱来的美好愿望,优美、动感且富有强烈艺术性的整套动作,飞舞的球,飘舞的带,这些不仅给人们带来赏心悦目的感受,同时也能吸引更多的人去关注艺术体操运动,进而不断壮大我国的艺术体操队伍,为推动我国艺术体操事业发展奠定重要的群众基础。

三、艺术体操训练的基本内容与要求

(一)艺术体操训练的基本内容

从整体来看,艺术体操训练所包含的内容和理论框架体现在以下几个方面。

(1)竞技体育在艺术体操运动中的地位和作用。
(2)训练的目的、任务和特点。
(3)训练方法与手段。
(4)训练原理和原则。

第三章 艺术体操的训练发展研究

(5)训练过程的计划和控制。

(6)运动员的选拔。

(7)徒手训练。

(8)持轻器械训练。

(8)身体素质训练。

(9)心理、智能训练。

(10)运动负荷与恢复。

如今,包括艺术体操在内的运动训练已经有了飞速的发展,现代训练理论研究也不断取得进展和突破,运动训练学理论体系不断充实并完善,相关学者和一线教练员研究出的新的理论与方法正在不断充实到运动训练理论体系之中。

(二)艺术体操训练的基本要求

如果想让艺术体操训练取得效果,实现预期目的,就要按照一定要求来实施。训练不是随意进行的,需要一定的要求来约束。

(1)在艺术体操的训练过程中始终将训练的目的任务贯彻其中,所有训练行为都要服务于训练目的和任务。

(2)根据训练的不同阶段分别确定不同的目的和任务,在计划安排上有所侧重。运动训练的目的任务要针对于训练的全过程,而这个过程是长期的,因此在训练过程中应该根据不同的训练阶段、项目的特点,以及运动员的实际情况安排训练的重点内容,体现出训练内容的针对性。

(3)艺术体操的训练任务往往是多项的,而不同任务之间是相互联系的,所以在过程中要处理好彼此之间的关系。从不同训练内容上来看,要正确处理身体素质训练、动作训练、轻器械训练、心理智力训练和思想道德训练等内容间的关系;与此同时,还要处理好各项任务内部要素间的关系,如形态、机能、运动素质之间的关系,及各运动素质之间的关系等,以更好地实现运动训练的目的任务。

(4)建立科学的训练管理体制,这是实现训练目的的组织保证。运动训练体制有多项因素,包括组织管理体系、训练组织形式及有关的法规制度等。科学的管理是确保训练任务完成的重要环节,在管理工作中首先要根据国际竞技运动发展的趋势和我国的国情制定好竞技运动发展的战略,其次要建立各种规章制度,引入和运用竞争机制,通过人、财、物等资源的管理,调动各方的积极性,才能保证训练目的任务的实现。

第二节 艺术体操的训练原则与方法

一、艺术体操的训练原则

艺术体操训练的基本原则是在运用教学原则基础上发展起来的,以艺术体操训练特点为主要依据,可以将艺术体操运动训练的基本原则概括为以下九项原则。

(一)全面性原则

全面性原则是指在发展艺术体操运动基本技能的前提下,全面安排和充分发展运动员的各项运动素质,以促进专项成绩的全面提高。

(1)全面发展运动素质和全面提高的身体机能能力是达到高水平专项运动技术水平的基本前提和基础。

(2)运动素质要想得到发展就必须要求全面发展人体的多项系统。因此,在艺术体操训练初期,必须要采用正确的全面发展运动素质的方法,使发展技术技能所要求的所有形态与机能能力都得到发展。

(3)训练者的基本运动素质和艺术体操专项运动技能的转移需要一定的基础条件,专项运动素质和技能也需要建立在一般运动素质的基础上。只有全面安排才会创造出各种条件和可能,使专项所需的一切都得到充分发展。

需要注意的是,全面发展运动素质并不意味着把全部的精力和时间都用在全面训练上。随着艺术体操运动员体能水平和运动水平的不断提高,其训练也应朝着更为专项化的方向发展。

(二)系统性原则

常年不间断地进行系统训练,不仅是不断重复和巩固运动技能的需要,也是运动技能系统化积累的需要,同时还是艺术体操取得优异成绩不可缺少的一环。常年系统训练和周期训练是贯彻系统性原则的重要手段。

在艺术体操的系统训练中,要注意以下几个方面。首先要明确目标,做到身体训练与技术、智能、心理训练相结合;其次,把握好训练周期的安排,做到循序渐进;再次,临近比赛期时,要有调整运动量的措施,将竞技状态调整到最佳。

(三)循序渐进原则

艺术体操训练要遵循循序渐进,符合人体动作形成的客观规律,不能操之过急。艺术体操运动训练实践表明,在艺术体操运动技术的训练和学习中,人体结构的改变,运动能力的提高,内脏循环功能的改善,都是由于机体的神经系统通过对运动系统及其他内脏循环系统反复多次调节而形成的适应性反应。这种适应性的形成是一个复杂、漫长的协调过程,仅仅靠几次训练和练习是无法实现的,因此,训练者只有经常坚持训练,长期积累经验,才能达到良好的训练效果。

总之,良好的运动能力和竞技水平不是一朝一夕就能形成的,艺术体操的训练也是从量变到质变的过程。在训练实践中,学生运动技能的提高并不等于增强了身体素质,反而打破了机体原有的生理机体平衡,所以必须坚持循序渐进的原则。

(四)区别对待原则

不同个体之间的差异性是客观存在的。由于训练者在性别、年龄、身体素质、理解能力等方面存在着很多不同,因此艺术体操运动的训练内容、训练方法、训练负荷等也要有不同侧重。训练者进行艺术体操训练要充分考虑客观规律和实际情况,即要求在艺术体操训练中遵循区别对待的原则。

区别对待原则有利于调动训练者练习艺术体操的自觉积极性,也有利于教练员或教师发现和培养有前途的运动员。在艺术体操中肯定存在着全面、能力强的"天才型"运动员,但天才毕竟是罕见的,更多运动员都是有长处也有不足的,且有明显的个体差异性,因此在艺术体操训练中,教练员要对运动员的情况了如指掌。训练者在自主训练时也要做到从自身的条件出发,个别对待、扬长避短。例如,对于某些素质和技术上不足的应加强薄弱环节的练习,尽量提高运动技能。

总之,训练者进行艺术体操训练中贯彻区别对待原则必须反映在训练计划及训练过程的始终,使训练任务、训练内容、训练手段、训练方法和运动负荷符合运动员的实际特点。

(五)动机激励原则

动机激励原则是以更好地促使运动员在以个体为主的训练过程中更好地激励自己良好的训练行为和动机,更自觉地、主动地完成训练任务为目的的训练原则。

在艺术体操运动训练中,科学贯彻动机激励原则应注意以下几个方面。

(1)满足运动员的合理需要。研究发现,人在得到物质保证后才会有更高层面的追求。因此,在进行艺术体操训练时,要关心运动员的生活,尽量满足他们的物质需求,安排好他们的衣食住行,还要予以他们足够的尊重,使他们有安全感,有稳定的训练环境,只有在满足了这些基本需求后,才能更好地引导他们形成

第三章 艺术体操的训练发展研究

"自我实现"的更高层次目标,进而产生积极从事训练和比赛的动机。

(2)激发运动员参与训练的兴趣。注意运用各种符合不同年龄运动员个性心理特征的手段,激发他们参加运动训练和竞赛的兴趣。过早地从事单一的专项训练会使运动员产生厌倦情绪,这对训练的开展是不利的。

(3)明确运动员在训练中的主体地位。在训练过程中,教练员应首先明确运动员的主体地位,使他们了解训练的目的、任务、要求与安排,并能在一定程度上参与训练计划的制订和运动训练的组织。只有这样,运动员才能使自己变被动式的训练为主动式的训练。

(4)教练员应做好表率作用。教练员要特别注意自己的行为,要善于说服教育,并以自己的知识、能力和表率作用,以及通过有效的训练提高运动成绩来争取运动员的信任,树立权威,以此激发艺术体操运动员的积极性。

(六)周期性原则

整个训练过程要按训练阶段组成的运动周期循环地进行,这就是所谓的周期性原则。周期性原则的依据是竞技状态的客观规律,具体来说,就是应该后一周期在前一周期的基础上提高,从而创造出最佳成绩。每个训练周期或不同的训练阶段,其任务、内容、负荷量、手段和方法都是非常具体的,并且它们彼此间既相互独立,又相互衔接。

在艺术体操训练中,在贯彻周期性原则时,为了保证训练的效果,要注意三个方面的问题。第一,应以比赛任务和对象特点为主要依据,对多年或全年的训练周期进行合理安排;第二,要注意周期间的衔接,后一周期建立在前一周期的基础上,使每两个周期间互相衔接,承前启后;第三,要切实抓好每一周和每一堂训练课的训练,不适之处应及时进行调整。

(七)直观性原则

直观性训练原则是一种非常重要的运动训练原则,它是依据直观性与动作技能形成的教学论原理所确立的艺术体操运动员必须遵循的准则。在艺术体操训练过程中坚持直观性原则可以有效地提高训练者的训练效果,因此应予以充分的重视。

在训练实践中,直观性训练原则要求教师应做好以下几个方面工作。

(1)广泛运用现代科技技术。实践证明,现代科技技术的广泛运用可以有力的推动直观性训练原则的贯彻实施,因此,在训练中应广泛地应用现代科技为训练者提供的各种先进的直观训练手段(如录像、电影等),培养训练者的观察能力和思维能力,这些科技手段应采用以提高视觉器官的直观手段为主。

(2)合理选用直观手段。在艺术体操训练中,应合理的选用直观手段,选用各种直观手段时要注意选择那些目的性最强、最有成效的手段,并明确所选的各直观训练手段所能解决的主要功能,选择和应用有针对性直观手段进行艺术体操的运动训练。

(3)对于初学者来说,在训练中遵循直观性原则可以首先观看教师的示范动作,等训练达到一定的水平之后,可采用图解、录像、语言信号、助力、固定身体姿势或慢速做动作、直接观摩优秀运动员的表演和比赛等手段,结合教师或教练员恰当的比喻、形象的讲解,以及教练员对学生动作技术的观察分析、研究讨论,积极思考,逐步找出完成艺术体操运动的规律性,体会艺术体操动作的空间方位和肌肉用力。

(八)全面训练与专项结合训练的原则

全面训练与专项训练相结合是艺术体操运动训练是进行艺术体操运动训练时获得最佳训练效果的需要,必须遵循。全面训练并结合专项训练的原则的依据主要包括以下几个方面。

(1)体能训练的终极目标是创造优异的比赛成绩,因此,体能

第三章　艺术体操的训练发展研究

训练不能偏离运动专项。

(2)体能素质是动作训练的基础。先进的技战术水平的掌握必须有良好的体能训练水平作为保障,因此,体能训练要和专项技术相结合。

(3)结合专项进行体能训练,能使运动员在身体形态以及机能方面对该运动项目的特殊要求产生适应,有利于专项成绩的提高。

通常来讲,在艺术体操训练初期,身体训练的比重要多些、广些。当练习者具备了一定的训练基础以后,在开始阶段可进行全面身体练习,经过一段时间的训练后再加强与艺术体操专项技术发展关系大的内容的练习,如辅助性、诱导性以及专项基本功训练等。

贯彻全面训练并结合专项训练的原则时,必须要科学地确定体能训练和专项训练的比重;要确定和充分发展与专项有关的最重要的运动素质和机能,做到有针对性地练习;体能训练的内容与手段必须突出重点,并紧密结合专项的需要。

(九)合理安排运动负荷的原则

不管是什么项目的训练都要遵循合理安排运动负荷的原则,符合个人身体素质以及运动项目发展的规律,这样才能确保训练在安全的环境下进行,取得满意的效果。

从机体超量恢复理论可以得知,以任务、对象等的不同为主要依据,逐步而有节奏地使运动负荷加大,直至运动员所能承受最大限度的运动负荷,是不断提高运动训练水平的重要手段。根据相关实践可以看出,在严密组织、合理安排和良好的医务监督下,针对于少年儿童的训练,使运动负荷逐渐加大是可行的。在全年、多年的训练计划中,可以贯彻大运动量训练,但是要注意大、中、小运动量相结合,同时还要按照"加大—适应—再加大—再适应"的过程进行发展。需要注意的是,在加大运动量的过程中,有一些影响因素需要考虑到,其主要包括年龄、性别、体制、训练水平、意志品质、思想状态,以及有无伤病等。在业余训练中,由于时间和负荷得不到充足保证,因此,在调节运动量时,要以密度、强度为依据。在以强度调节运动量时,还要对局部负担是否可行进行充分考虑。对某些在技术上需要精细分化的练习,不宜采用大运动量的训练。

二、艺术体操的传统训练方法

(一)完整训练法

完整训练法是不分部分和环节,从技术动作或战术配合的开始到结束,一口气对整套动作进行练习的方法。完整训练法能使运动员一下子掌握完整的技术动作和战术配合,使技术动作和战术配合保持完整的结构,使动作的局部与整体充分衔接、联系起来。

在艺术体操训练中,完整训练法既可用于单一动作的训练,也可以用于多元动作的训练;既可以进行个人成套动作的练习,还可用于集体配合的练习。在练习单一动作时,注意动作之间每个环节的联系,逐步提高负荷强度和练习质量;练习多元动作时,掌握好每个单独动作后,注意掌握多个动作之间的衔接。练习个人成套动作时,注意把握整套动作的流畅性;练习集体配合时,注意技术串联的默契性。

(二)间歇训练法

间歇训练法是指在训练中对组间间歇时间进行严格规定,使机体在未完全恢复下进行反复练习的方法。实践证明,对间歇训练过程严格把控,能够明显提高运动员的心肺功能;通过对运动负荷进行控制,可使机体各机能产生与项目相匹配的适应性变化;通过各种间隔类型的间歇训练,能够让机体内糖酵解代谢供能能力、磷酸盐与糖酵解混合代谢的供能能力、糖酵解与有氧代

第三章 艺术体操的训练发展研究

谢混合供能能力都得到提高;严格控制间歇时间,能让运动员在比赛中面对复杂局面和激烈对抗时有稳定的表现;通过较高心率的刺激,可以全面提高机体的抗乳酸能力,确保运动员在高强度的运动状态下保持稳定的运动能力。

(三)持续训练法

持续训练法是指负荷强度较低,持续时间较长,没有间歇休息的训练方法。采用该方法进行训练,平均心率可达130～170次/分钟。持续训练主要用于发展一般耐力素质,能够帮助完善负荷不强但技术较为细腻的动作,可使机体在长时间的负荷刺激下达到比较稳定的状态,内脏器官随着机能变化而出现适应性;能进一步提高有氧代谢系统供能能力以及在此状态下的有氧运动强度,进而为发展无氧代谢能力,提高无氧工作强度打下坚实基础。

(四)重复训练法

重复训练法是指反复练习相同的内容,两次(组)练习之间进行充分休息的方法。通过相同的一个或一套动作的重复练习,不断形成条件反射并逐渐强化的过程,对运动员掌握和巩固技术动作大有帮助;以相对稳定的负荷强度进行反复刺激,可使机体在一定时间出现较高的适应性机制,有利于发展和提高运动员的身体素质。

影响重复训练法训练效果的决定因素有单次(组)练习的负荷量、负荷强度及每两次(组)练习之间的休息时间。在间歇时,通过整理运动和按摩等方式来消除肌肉疲劳。

(五)分解训练法

分解训练法是将一套完整的技术动作或战术配合过程进行分解,分成若干个环节或部分,然后以每个环节或部分为单位,分别进行练习。训练中运用分解训练法,能够使运动员不被训练内容的困难所吓倒,能一心一意地执行训练任务,加强技术动作和集体配合的训练的质量和效果。

分解训练法的不同之处在于它适用于那些技术动作或战术过程较为复杂,且运用完整训练法又无法被轻易掌握的那些训练内容,或者是对技术动作、战术配合中的某些环节需要进行专门训练的内容具有很好的效果。

(六)变换训练法

变换训练法是指改变运动负荷、练习内容、练习形式及其条件等因素,改变相对枯燥乏味的训练,增加训练的趣味性,以提高运动员的积极性、适应性及应变能力。该方法的提出背景是运动竞赛的复杂性、对抗程度的激烈性、动作技术的变异性、集体配合的变化性、能力要求的多样性、中枢神经系统的灵活性等特征。

运用变换训练法,能使机体产生与有关运动项目相匹配的适应性变化,运动员的身体素质、动作技术、战术风格得到均衡、协调的发展,从而帮助运动员在实战中提高承受负荷能力、身体应变能力、技术串联能力和技术衔接能力。

(七)循环训练法

结合训练的具体内容,将若干练习手段设置出相应的若干练习站(点),运动员根据事先计划好的顺序和路线,依次进行每站(点)的练习,执行相应的训练任务,这就是循环训练法。通过循环训练法,能够激发运动员的积极情绪,累积负荷"痕迹",交替对不同器官和系统进行刺激。

决定循环训练法训练效果的结构因素有练习内容、运动负荷、每一站的安排顺序、站与站的间歇、每次循环的间歇、练习的站数和循环练习的组数。在实际训练过程中,循环的"站"即为练习点,如果一个循环内的站中有若干个练习点是以完整而不间歇的方式来衔接的话,那么这些练习点可称之为练习"段"。

(八)比赛训练法

比赛训练法是指在模拟比赛环境或真实的比赛情境下,根据实战比赛的规则与形式展开实战演练,来提高训练的效果。比赛训练法出现的背景包括人类与生俱来就具有竞争意识和自我表现欲、形成竞技能力过程的基本规律和适应性原理、现代竞技运动的比赛规则等因素。

通过比赛训练法,能帮助运动员提高实战比赛能力和环境适应力,能让他们达到适度的应激状态。影响比赛训练法效果的核心要素是比赛氛围和比赛规则。

三、艺术体操的创新训练方法

(一)变奏训练法

变奏训练是指通过改变训练节奏,使运动员改变动作节奏的练习,体会快节奏完成动作与慢节奏完成动作的训练方法。该方法非常适用于艺术体操这样强调动作节奏的项目。

在艺术体操的变奏训练中,一些动作不是很成熟的运动员往往会体现出在较快节奏下,动作产生变形,或者动作的幅度没有那么标准,因此,教练员应适时提醒运动员要注意完成动作的质量。

变奏训练的另一层含义是改变动作的练习速度,或将高速度动作练习与变换速度练习的动作结合起来,这种训练的目的是为了避免每一个动作都在同一个速度水平上,避免动作的僵化,使每一个动作显得更加灵活。

(二)方位训练法

1. 动作方位训练

动作方位指的是体育训练之中在完成动作的过程中相对于空间和身体部位的方向和位置。提高运动员的动作方位也就是要提高其空间感的准确性。动作方位对于成套动作中的每个动作都很重要,艺术体操中强调动作准确到位,就是指动作方位的准确性。

在动作方位的运动训练中,可以沿用体操中动作坐标系来判断动作方位,帮助运动员分析动作完成的角度和方向的准确性。训练中,应该明确每个动作的具体程度,如手臂所走的平面、角度和高度,下肢的站位和空间位移的角度、弧度、高度等,这样才能标准、规范地做好每一个动作。

2.镜面方位校对训练

在艺术体操训练中,镜面方位校对训练不仅是指运动员面对镜子练习动作的准确性,也指运动员一对一面对教练员或其他运动员完成操化动作的训练。镜面方位校对性训练能清晰、准确地帮助运动员建立正确的动作方位感,让运动员对自己容易犯错的动作角度、高度、弧度和动作方位有清晰的认知,调节和纠正错误的方位与动作,使运动员在较短的时间内加大动作的稳定性和准确性,建立起方向感。

3.定位训练

定位训练是指运动员在操化动作的练习过程中对每一拍的肢体动作都要求达到规定位置的练习。最开始可以放慢节奏,让运动员充分感觉动作在规定位置的感觉,等运动员习惯出现在正确的位置后,再加快节奏和动作速度。此外,教练员还可以在定位点设置障碍物,帮助运动员建立方位感。

定位训练的缺点是容易误导运动员做出的动作变得僵化、机械,所以定位训练运用上要注意把握运动员的动作表现力,在定位中强调动作发力和制动的感觉。

(三)表象训练法

表象训练也被称为念动训练、回忆训练、想象训练等,是在动作技术和知识理论学习中运用得比较广泛的一种方法。表象训

第三章　艺术体操的训练发展研究

练法是运动员在相应的语言、动作等暗示指导下,有准备、有计划地在头脑中再现相应的运动表象、运动场景以及运动情绪等方面的内容,以便于更好地掌握技术动作的要领,进而提高其运动水平和比赛成绩。

通过运用表象训练法,能够使得训练者更好地记忆相应的技术动作,并且更容易在脑海中形成动力定型,对技术动作的学习和训练具有积极的促进作用。所以在艺术体操训练中,提倡教练员积极实施这种训练方法来帮助运动员提高各项能力。

(四)程序训练法

程序训练法是指在训练中侧重于通过对训练内容的系统性安排和强调训练过程的时序性,来科学控制运动训练过程的训练方法。在训练过程中,训练程序指的是将训练过程的时序性与训练内容的逻辑性融为一体的有序集合体,作为程序训练法的控制依据,其体现了运动员在训练过程中的不同时期、阶段中的具体训练内容间的关系,要求运动员科学编制训练程序。

随着现代竞技体育的不断发展,运动训练方法始终在创新,但不论是什么样的创新,教练员都应在运动之初详细地讲解,细致地分析,使运动员在训练开始就学到正确的技术动作、训练方法和训练要点。在训练过程中,通过对动作的要领的讲解,能够使得运动员树立正确的目标和方向,同时对各项技术动作的正确的用力情况,各种动作练习的感受等方面形成更加深入的了解。

在保证动作准确的前提下,教练员再引导其进行技术动作的回忆,这样才能够使得训练方法起到良好的作用。对于一些环节复杂、不容易掌握的动作,教师和教练员应耐心进行引导和讲解,循序渐进、由浅入深地开展训练,把握好侧重点和难点,对各种需要追忆的材料进行合理、科学分类整理,最终掌握各种形式的技术动作。此外,教练员组织开展训练时,还应向运动员充分阐述训练的目的、意义以及训练原理,使运动训练方法能在保证科学、合理、正确的基础上再寻求创新发展。

(五)外力训练法

动作训练过程中,教练员可以借助外力帮助运动员完成某一动作的提高,然后让运动员体会快速动作的感觉。教练员在使用助力训练时,要把握好提供助力的时机,注意施加力度的大小,同时,应该让运动员体会在助力作用下,动作完成的时间和用力的大小,以便更好地帮助他们独立达到动作速度的要求。

(六)核心稳定训练法

核心稳定训练是近几年来兴起的运动训练方法。在20世纪90年代初,运用在伤后康复训练和日常的健身训练中,之后逐渐应用于竞技体育的职业运动员上。

1. 初级训练阶段

在初级阶段,第一周内,主要针对运动员的肌肉力量和稳定性进行恢复性练习;第二周主要针对运动员的肌肉耐力和控制性基础;在打下基础后,第三、四周则要开始综合性练习,使得运动员的综合素质得到全面的恢复与提升。

2. 中级训练阶段

中级训练阶段是适应阶段,这一阶段是为更高级的训练打下基础。在中级训练阶段,第一周训练主要是对运动员的肌肉力量稳定性和稳定控制能力的训练;第二周的训练主要是针对运动员的肌肉耐力和稳定控制能力进行的训练;第三、四周的训练是对前两周训练的综合、提高,最终使得运动员的肌肉力量和控制能力得到相应的提升。

3. 高级训练阶段

高级训练阶段是强化阶段,这一阶段是在上两个阶段的基础上,对综合器械进行的训练,让运动员的综合素质有一个质的

第三章　艺术体操的训练发展研究

提升。本阶段的训练具有一定的针对性，根据运动员的特点安排训练，尤其艺术体操运动员是女性，更要结合自身情况量力而行。

需要指出的是，核心稳定性训练需要制定更科学、详细、严谨的训练计划，同时要做到长期坚持，这样才能体现出效果。在训练过程中，应根据运动员的实际情况来制定相应的训练计划。应在对核心稳定性训练有充分了解的基础上，更加广泛地应用核心稳定性训练理论。在核心稳定性训练过程中，应结合不同体育运动项目的专项训练特点，提高训练质量。

第三节　艺术体操的训练理念创新

随着世界体育运动的飞速发展，艺术体操运动的训练理念也在不断革新。本节就来介绍一些艺术体操运动新的训练理念。

一、人文操作性训练理念

(一)人文操作性训练理念的内涵

人文操作性理念的内涵主要体现在四个方面，分别是强调关注运动员的尊严与独立性、关注运动员的思想与道德、关注运动员的权利、关注运动员生存状况与前途命运。

(二)人文操作性理念的理论依据

人文操作性训练理念的理论基础主要包括以下几个方面。
(1)人的行为举止在一定程度上受到人对外界的感知和信念的作用。人的行为在于一个人的感知和信念，从人文主义、感知经验主义的角度上来说，人之所以能够有行为，主要是因为有人的感知或信念的指导。

（2）运动员运动水平的提高，基础要求是与自然规律和价值规律相符合。运动训练首先要符合现代训练的客观规律和主观要求。因此，为了取得理想的训练效果，在进行运动训练时，在科学发展的前提下，按照人类正常的价值规律去提高训练强度，提高运动能力，掌握更多的动作技术。训练过程要体现人文特征，实现科学性与人文特征的结合、统一，从而达到真与善相统一的目的。

（3）人的主体性是人文的重点，这也使得人与技术的关系得到了进一步的明确。人是相关运动技术的实施者，这就明确了人的主体性以及人与技术的关系。运动训练的过程就是教育的过程，教育的发展体现在内在动力，行动力是由内在动力引导而来的。在运动训练中强调人文操作，能够摆脱金钱对体育运动的束缚，实现公平竞争，弘扬体育道德，培养人性，挖掘人的潜能的目的。除此之外，情感、责任感、态度、信念等，都在很大程度上决定着运动员的体能水平的发展，具有非常重要的现实意义。

二、教育性运动训练理念

（一）教育性运动训练理念内涵

运动训练不仅要重点关注运动员的技术能力掌握，同时对运动员的文化素质培养和思想培养上也要进行教育。教练员要运动员要对文化教育和素质培养所起到的重要作用进行反复强调，从而使训练与教育协调发展、相互促进。

（二）教育性运动训练理念的理论依据

教育性训练理念有着庞大的理论体系，因此要想更加深入、全面地对教育性训练理念进行阐述。在体育运动方面可以分为两类。

（1）运动员的健康成长，与自身具有的教育文化素养是分不开的。运动训练是涵盖在社会活动的范围内,而其顺利进行通常要依赖于运动训练参与者的密切配合。从这一点上可以了解到,教练与和运动员这两个运动训练中的主体的知识水平是决定与制约着竞技运动的发展。有的教练对文化素质培养的重视程度不够,使得在以往的运动训练过程中出现了不科学的安排,比如很大一部分的运动员在运动的体能训练中因为意志力不够坚强而败下阵来,没有坚持到底,这使得运动训练很难达到预期的目标。

(2)运动员运动水平的提高,很大程度上与其自身的文化素质教育水平有关。现代的体育运动的较量,不仅拼身体素质和运动技能,还考验运动员的心智能力。在某些条件下,心智能力比体能和战术更为关键,尤其运动员逐渐成熟,年龄逐渐增加时,心理和智力发挥的优势更加明显。一般情况下,具有出众头脑的运动员,能够快速提高竞技能力,除了能够深刻认识并体会到项目的特点和规律,还在于能够更准确的认识运动训练理论和方法。

三、技术实践性训练理念

(一)技术实践性训练理念的内涵

现代运动训练中要符合体育运动的一般规律。在体育运动的训练之中,运动员本身具有双重性,他们是技术的主体的同时又是技术的客体。技术的主观精神是主体,技术的物质手段作为客体,二者相互统一。

(二)技术实践性训练理念的理论依据

技术实践性训练理念的理论基础是多方面的,为了能够更加全面、深入地了解技术性训练理念,将其理论基础分为两个方面,这两个方面都是运动员的基本要求。

1.技术实践性理念要与事物的客观规律相符

技术实践性,即求真。所谓的求真,就是在运动训练的过程中,根据项目的特点和规律,对训练进行科学的指导,力争做到结合实际,与事物发展的客观规律相一致。具体来说,运动员的技术应用应符合运动规律和项目的本质特征及规律。

2.技术实践性理念要遵循从实际出发的原则

在现代运动训练中,一切的方法和内容都是为比赛做准备,也就是为实战而练,从实际出发和结合实战是训练最有效的方法。运动员通过不断的练习是的他们能够在比赛中有着轻松、熟练的表现。想要在比赛时掌握住局面,一定要做到积极进行训练,并且训练尽可能与比赛相协调,最大限度地将比赛当中用到的技术进行反复练习。

四、竞技运动国际化理念

当前,各个竞技体育运动项目发展出了不同的道路,呈现出多元化的景象。究其原因,主要是高水平的运动员多次参加国际重大比赛,为国家争夺荣誉,从而提高了国家在该项目上的运动水平。这些优秀运动员夺取荣誉的原因之一就是因为运用了新的训练理念、一些创新性的训练方法与手段。因此我国的教练员应与国外教练员相互交流研究训练方法,在自己的运动队借鉴他国先进的训练理念与成功的训练方法,从而促进世界竞技体育运动整体向前发展。国际化的竞技运动理念要求教练员要不断提高自己的教学与训练能力。

对于艺术体操来讲,在奥运会、世锦赛等大型赛事中可以看出,体育竞技的世界化和格局多变,国家之间的争夺尤为激烈。当前,中国艺术体操的水平与俄罗斯等世界一流相比还有很大差距,因此更要树立竞技运动国际化的理念,不断向艺术体操强国学习,以提高自身的竞争力。

第四章　艺术体操的音乐发展研究

艺术体操和其他运动项目与众不同的一点就是其动作要在音乐伴奏下进行。音乐是艺术体操运动的灵魂，其对艺术体操的重要性不言而喻。

第一节　艺术体操与音乐

一、艺术体操音乐的特点

音乐是典型的听觉艺术，是以声音来表达内心情感的艺术，是无形的、抽象的，它作用于人的听觉，使听者产生一定的联想，在情绪上受到感染和陶冶。而艺术体操动作在美学范畴内属于视觉艺术，它是用动作来表达内心激情的，它是有形的、可视的。音乐与动作紧密结合，会产生良好的视听效果，音乐强化了动作的表达感情、风格、意境，强化了动作力度，更给予了动作节奏的规范，使动作更加生动活泼，富于美感。而艺术体操动作是对音乐情绪的一种表现，动作在音乐的烘托与渲染中，变得更加生动活泼，增加了艺术感染力和审美情趣。

艺术体操的音乐伴奏可以由一种或多种乐器或人声来构成，其形式、体式是多种多样的。由于艺术体操成套动作教学、表演时间较短，音乐很难有充分的时间展开，所以不能像一般的音乐作品一样去严格遵守音乐的曲式，只能在规定要求的时间内去变化,同时还要注意主题的统一性,乐句的相对完整性以及整个乐曲风格的统一,这就要求选编者具有较好的音乐素养。

二、艺术体操音乐的表现手段及类型

(一)艺术体操音乐的表现手段

1.音与乐音

"音"属于一种物理现象,物体受到振动产生出的波,再由空气传到耳朵里,通过大脑的反馈,使人听到了声音。"音"大体上分为"乐音"与"噪音"两种。乐音是单纯的、有高度的、富有规律的音;噪音是没有高度、振动无规律的、杂乱无章的音。根据物体的大小、薄厚与振动的强弱不同,所产生音的高低也就不同,从而形成了高音、低音、强音、弱音,还有音色等几种。由于音的性质不同,所以才会产生出不同的乐音,形成各式各样的旋律。也可以通过不同的音色,辨别出哪一种声音是由钢琴弹出来的,哪一种声音是弦乐器。音的性质在音乐领域里有着至关重要的作用。

2.旋律

旋律也称"曲调",是乐音依照一定的高低、长短和强弱关系所组成的音的线条,是音乐的基本要素。与其他要素相比,旋律在音乐中具有突出的地位,它是音乐的灵魂。当我们听完一首音乐作品之后,一般首先记住的就是旋律,而其他要素如单纯的音区、力度、节奏如果脱离旋律,就不能独立存在。

在艺术体操运动中,即使是相同的动作组合,运用不同的音乐旋律也会产生不同的动作风格,尤其是在一些极有韵味的动作元素中,如波浪、旋转等,如果没有适合的音乐旋律来伴奏,动作就不能在肢体上、情绪上得到充分的表现。

第四章 艺术体操的音乐发展研究

3. 节奏

节奏是音乐在时间上的组织。具体来说,节奏包括节拍和速度,前者是指音乐规律性的强弱交替的运动,即拍点的组合,后者是指这种律动的速率。节奏是艺术体操动作最基本的构成要素和表现手段。

在艺术体操中,音乐节奏可以体现动作的幅度、力度、速度、风格等。比如波浪动作的节奏是均匀而缓慢的,表达了含蓄的情感;跳步动作的节奏则铿锵有力,展现出活泼明朗的情绪,具有起伏的整体运动感。不同的音乐节奏,对培养学生的节奏感及表现力,提供了丰富且行之有效的训练教材。

4. 节拍与拍子

节拍是按拍号要求相隔一定时间反复出现重音的模式,或者说,是固定的强弱音循环重复的序列。"强"与"弱"看似简单,但却可以变化出多种拍子来,表达各种不同情绪、不同风格的乐曲。每一种节拍都由时值固定的单位构成,叫作拍子,可用简单的一个手势来表示。

手掌一下、一上,这就叫作一拍;如果用两只手对拍的话,一张一合就叫一拍;单单拍下去,叫作半拍,再抬起来,也是半拍,这样算起来一上、一下加起来就是一拍,具体如图 4-1 所示。

图 4-1

如图 4-2 所示,拍子的时值可以是二分音符、四分音符,也可以是八分音符。节拍通常用分数来标记,分子表示每小节中单位拍的数目,分母表示单位拍的音符时值。偶数有 2/4、4/4、4/8(每小节有 4 个八分音符)等,这些偶数节拍是对称的,带有行进的特点。

图 4-2

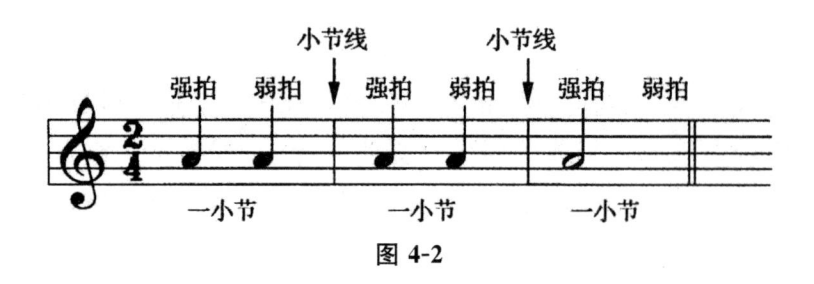

奇数类有 3/2（每小节有 3 个二分音符）、3/4、3/8、6/4、6/8、9/8 等，它们听上去带有旋转性，因此常常和舞曲有关。比如 3/4 拍的 3 是表示每个小节中的拍节数，即每小节里有 3 拍；而 3/4 拍中的 4 则是表示其拍节值的。如果用 3/4 拍跳华尔兹，其拍节数应为 1,2,3;2,2,3;3,2,3;4,2,3。重音拍在每小节的第 1 拍，而第 2,3 拍则是弱拍。3/4 拍多用于华尔兹舞曲。

在艺术体操的教学中，让学生用手、脚打拍子，就很容易掌握音乐的节拍或动作的节奏。也可以通过有节奏的拍球、摆带、跳绳来引导学生对拍子的理解。教会学生打各种拍子，对培养乐感是很重要的。常用的打拍子手式如图 4-3 所示，在教学中可配合音乐进行练习。

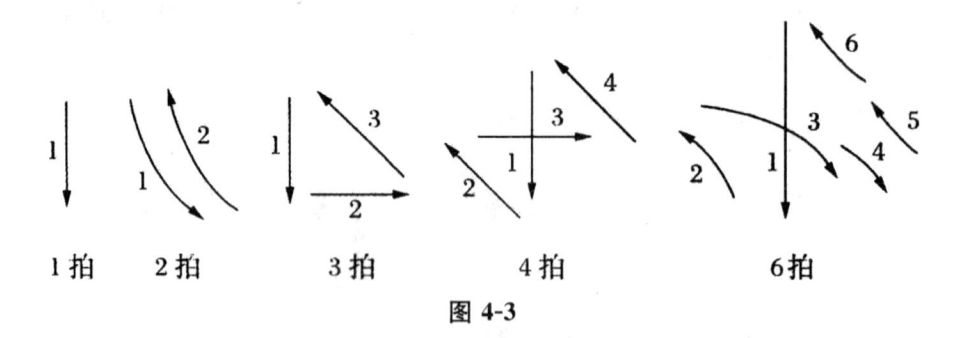

图 4-3

5.重音

重音是音节与音节之间强弱对比产生的现象。它是构成节奏的重要因素，通常在每小节强拍上的音都属于重音。重音的拍子比其他敲打声音更大或更长时间。在对音乐的感知中，音强是

第四章 艺术体操的音乐发展研究

体现音乐节奏中的重音,是构成节奏律动的要素之一。

比如华尔兹舞曲典型节奏是将重音落在第一拍上,学生可以随着音乐节奏的轻重缓急、节拍强弱及长短交替来练习华尔兹基本步伐,以达到对音乐节奏的理解。如果重音不落在第一拍上,也就无法正确完成华尔兹步伐练习。在教学中,可以通过动作来表现音乐的重音部分,如在重音上有力的拍球,在没有重音的音乐中做轻柔的拍球。为了帮助学生听懂有重音的拍子,还可以边听音乐边在最强音的地方拍手,如在听到第一拍是重音的四拍子音乐时,学生可以这样拍手,拍手、2、3、4,拍手、2、3、4,……

6. 速度

速度是由音乐作品中作为单位拍的音符时值决定的。一般来讲,音符时值长,拍子就慢;音符时值短,拍子就快。音乐速度的表示有两种,一种是用文字,如"快速""中速""慢速""稍快"等;一种是用音乐术语,这些音乐术语都是意大利语,如快板、慢板、急板等。音乐进行的速度也分为两种,一种是基本速度,一种是临时变化速度。一首曲子处理的速度不同,曲子的性质将发生变化,收到的效果也会完全不同,如同样是三拍子,用快速,会给人活泼明快的感觉,而用慢速,就会获得优雅、闲适的效果。

在艺术体操教学中,动作速率可随着音乐速度变化而改变,通过与音乐速度相一致的动作来培养对音乐速度的感受,如整段音乐都可进行器械的摆动,当学生听到音乐速度发生变化时可以改变动作,如通过绕圈来适应音乐速度的变化。

7. 力度

力度是音响强弱的程度,和音区一样是一个相对的概念,不能简单地用物理单位分贝来衡量。力度的表现力是相当丰富的,是一种富有"魔力"的音乐要素,可以表达丰富的情感,并促进音乐表现力的发展。

在艺术体操中,所谓的"缺乏乐感"常常就是指动作缺乏力度变化,没有形成丰富的力度层次。一般来说,力度越强,音乐越紧张、雄壮;力度越弱,音乐越缓和、委婉。在艺术体操教学中,可以通过音乐力度的变化表达动作不同的力度及风格。

8.音乐的其他表现手段

音乐的表现手段除上述以外,还有其他多种表现手段来增强音乐的表现形式,如和声、调式、调性、音色、织体、音区变化、对比等。

音乐的各种表现手段在作品中通常是综合运用的,它们极其鲜明地影响音乐作品的形象、意境。因此,充分应用音乐多样化的表现手段是提高艺术体操音乐艺术性的重要因素。

(二)艺术体操音乐的类型

艺术体操音乐的类型繁多,有古典、现代、流行、民乐、轻音乐、爵士乐等,展现各种情绪状态的,宽广的、抒情的、激昂的、欢快的等。不论何种音乐都应具有健康明朗、富有表现力、节奏变化大、蓬勃向上等特点。艺术体操伴奏音乐的选择范围主要从以下几个方面来考虑。

1.民族音乐

民族音乐是指一个民族在自身历史进程中创造的全部音乐,包括自古至今的民间音乐、宫廷音乐、文人音乐、宗教音乐等传统音乐,以及近现代专业音乐创作的音乐和20世纪七八十年代之后盛行的通俗音乐。民族音乐具有浓烈的地方特色和民族风格,丰富的调式色彩和音乐色彩,时代气息强烈。音乐形象多样化,舞蹈性强,节奏鲜明、热情、刚健、明快,旋律亲切、优美抒情。

2.轻音乐

轻音乐是一种令人赏心悦耳的音乐种类,不表现重大的主题

第四章 艺术体操的音乐发展研究

思想,轻松愉快、生动活泼,多采用某些舞蹈特有节拍、节奏的舞曲,如三拍子的圆舞曲、小步舞曲、玛祖卡舞曲,二拍子或四拍子的波尔卡舞曲、加沃特舞曲、探戈舞曲等。还有某些电影音乐和戏剧配乐、通俗歌曲以及流行歌曲、舞蹈音乐和民间曲调等都是较好的选择。

3.爵士乐

爵士乐是由 Blues 和 Ragtime 结合而成的一种音乐形式,出现于 20 世纪初,多使用切分音符、半音和即兴演奏方式,经过与各种音乐的良性结合后形成了一个多种不同风格的即兴音乐群组。爵士乐以钢琴、贝司、鼓构成的爵士三重奏最为常见,当然也会加入一些其他乐器,如吉他、铜管、萨克斯管和颤音琴等。爵士乐节奏变化多,音色鲜明而强烈,和声丰富,表现喜乐氛围。

具体来说,爵士乐包括新奥尔良爵士(New Orleans Jazz)、摇摆乐(Swing)、比博普(Bebop)、硬博普(Hard Bop)、冷爵士(Cool Jazz)、自由爵士(Free Jazz)、拉丁爵士(Latin Jazz)、融合爵士(Fusion Jazz)、酸爵士(Acid Jazz)等。

4.摇滚乐

摇滚乐属于流行音乐的一种,在 20 世纪 50 年代早期起源于美国,随后遍及世界。由一组人演出,其中包括人声、吉他(通常带有电声扩大装置)以及其他各种鼓,可分为民间摇滚乐、爵士摇滚乐和朋克摇滚乐。摇滚乐继承了爵士乐演奏的即兴风格,有快有慢,以一种节奏模式反复出现且带有一种摇摆的感觉,使人激情澎湃。

5.世界名曲

世界名曲是那些堪称经典的曲调,能跨越所有时空、种族和语言的界限,也能超越人格、思想和阶层的鸿沟。音乐的哲理性超越了音乐本身的意义,旋律优美、形象鲜明、感染力强、表现形式多样。另外,一些经典的英文歌曲具有强烈的节奏感和震撼力,音乐速度通常较快,表现出强烈的时代特征和青春气息。

第二节 艺术体操音乐的选配与应用

一、艺术体操音乐的选配

(一)艺术体操音乐选配的基本原则

1. 简单易于表现

艺术体操的伴奏音乐一般应以优美流畅、表现性较强、线条长的旋律为主。长线条旋律的乐曲结构与基本动作组合的结构规律比较吻合。如4个8拍的变换步动作组合,配以4/4拍的乐曲,每小节做一个动作,32小节的完整乐曲正好相吻合。教学中的基本动作及其组合,配以优美动听、歌唱性强的乐曲,易于激起学生的兴趣,使其受到情绪的感染。

2. 节拍完整鲜明

在艺术体操教学中,伴奏音乐要尽量选用节奏鲜明、旋律优美的音乐,才能更好地培养学生的节奏感和韵律感。在教学时,徒手动作和器械动作常常体现了节拍性和节奏性的特点,如波尔卡舞步为2/4拍,华尔兹舞步为3/4拍,而乐曲的节拍多以二拍子、三拍子或四拍子等形式出现,这种典型的、有强烈节奏感的拍子与艺术体操基本动作的节拍单位是一致的。

3. 与动作紧密吻合

艺术体操教学多以基本动作为主,而这些基本动作都是以一

第四章 艺术体操的音乐发展研究

定的律动性为依据的,其律动规律较规范,很容易与音乐的节拍相吻合。通常选择乐曲的长度应与编排动作的长度一致。教学课中基本动作组合至少为 4 个 8 拍以上,而组合节拍的多少是依据动作的内容和教学需要进行编排的。

4. 艺术感染力强

表演音乐作为教学活动中不可或缺的组成部分,其音乐的选择除与教学音乐一样要求旋律悦耳动听、节奏鲜明外,还要求气势宏大,艺术感染力较强,以更好地渲染、烘托场上的表演气氛,塑造表演者的动感形象,突出艺术表现力。此外,感染力强的音乐与优美动作的有机结合,对人的视觉和听觉系统产生一定的刺激作用,能引起强烈的情绪共鸣,给人以艺术和美的享受。

(二)艺术体操音乐选配的依据

1. 根据学生的年龄特征

在选择乐曲时,要考虑学生的实际水平,乐曲由易到难、由简到繁,使学生易于接受。对于年纪尚小、不容易理解较复杂的节奏或韵律变化大的乐曲的学生,应该选择节奏相对固定的乐曲或较熟悉的电视剧、电影里的音乐,缓慢的敲打音乐可以使学生更容易将动作和音乐结合起来。此外,太过忧郁、单调、凄凉的曲调,或是过于宏伟的大型管弦乐曲等,对年龄较小的学生也不太合适。而年龄较大的学生可能会更倾向于现代气息浓郁的音乐,随着动作难度的加大或变换,乐曲也要经常更换,使学生始终保持新鲜感。

2. 根据动作的方正结构

艺术体操教学中普遍使用方正性结构来进行动作练习或创编动作组合。这就要求在选择音乐时,要较多地选用方正性结构的乐段,如 8 小节、16 小节、32 小节等。由于动作与音乐在节奏、节拍和小节数上都有共同的规律,即使是千变万化的动作组合,只要按照教师在备课时所设计的动作结构要求,根据所需的基本内容、情绪变化、速度设定等去选择音乐,就能够使教学中动作与音乐共同保持其结构的完整性。同时,选择教学所需的音乐结构,不一定要相当完整的乐曲,只要符合动作的情绪和节奏,即使是交响乐、协奏曲、奏鸣曲中的主部或副部都可以运用于教学上。

3.根据动作的性质

艺术体操教学的主体是动作技术的学习,音乐的选择应紧密围绕动作的内容及需要而展开。如果动作是抒情性的,如波浪、控制和某些旋转动作,则可选择表现柔和、飘逸的情绪,旋律则以小跳为主,结合四或五度大跳的波浪式音乐。如果动作具有较强的节奏性或刚健有力,如擦地、划圈、小弹腿、小踢腿、大踢腿和各种跳跃动作,则需要用力度较大、宽广向上或明快、灵巧的进行曲,旋律为大跳结合小跳的紧密型音乐。另外,如果在一个组合内包括不止一种性质的动作,就应根据主要动作的性质去选择复合型音乐,或者分段选择音乐。

4.根据动作的节奏及长短

艺术体操动作的节奏感和律动性要求选择音乐必须符合节奏规范。为单个同类动作选配音乐除了要考虑到具有的共性外,还要根据其细微的差异,选配不同节奏的音乐。例如,同样需要缓慢、平稳、抒情的蹲、单腿蹲的控制动作,在选择音乐时,就要求旋律的线条粗长,律动性平稳,力度变化和情绪起伏不能太大,节奏上以分解和弦或音型的织体为好;为组合动作选择音乐,应尽量选择前后旋律大体一致,具有相对平稳的节奏,体现出抒情、明朗的感觉,尽可能使用宽厚的和弦或八度,这样可以使练习者通过音乐的激发把动作的力度体现出来。

此外,在音乐与动作的密切关系中,教学组合及成套动作使用音乐的长短应根据年龄的不同有所区别。稳定的节奏和速度

第四章 艺术体操的音乐发展研究

更有益于动作的学习,所以学生年龄越小,所选配的音乐就应该相对较短,速度变化也较少。练习音乐时间范围的参考见表4-1。

表 4-1 音乐长短的选择参考

年龄(岁)	时间
5—7	30秒至1分钟
7—10	1—1.5分钟
10—12	1.5—2.0分钟
12以上	2.0—3.5分钟

5.根据器械的特点

根据器械特点选择音乐,能更好地体现器械动作的特点。绳柔软,伸缩性大,动作灵活欢快,其音乐的选择要求轻盈、欢快、活泼而富有节奏。球呈圆形,动作圆滑、柔软、流畅,其音乐的选择要求流动性强、起伏大、节奏明快而多变。圈器械面积较大,摆、绕、高抛等动作幅度大,其音乐的选择要求奔放、宽广、欢快、活泼。彩带技术细腻,动作似行云流水,其音乐的选择要求流畅、轻盈、抒情,旋律线条要长。小旗动作干净利落,协调性强,音乐要求欢快而富有节奏。纱巾应选择柔和、轻快、急缓相容、起伏鲜明的流畅音乐。

有时为了促进器械流畅运动,在乐曲中加进一些特殊音乐效果,能更好增加练习的气氛和效果,如球操中的滑音、棒操中的击鼓、带操中的颤音、绳操中的跳动音符等。也可选择一些打击乐器来配合动作,如跳跃、拍球等。当然,有时音乐不一定是一次选定,而是要经过教学中的体验、多次磨合去确定。

6.符合时代的要求

随着社会的发展,音乐的多元化势必会影响到教师和学生对音乐的审美体验。艺术体操音乐素材的选择应强调时代性,即要跟随时代的发展有所变化,融入新元素、创造新风格。如果课堂教学中总是选择一些陈旧、单调的音乐,加之课堂教学动作的模式化,就会使教学受到一定的束缚。根据现代教学的要求和人们审美能力的提高程度,在音乐选择上应多采用一些现代音乐,或者是古典音乐的新绎演奏(改变原曲速度、节奏或风格的演奏)。现代音乐节奏感较强,旋律明快、和声丰富、对比强烈,配以各种持器械的动作,能激发学生的练习情绪,给教学课堂增添生机。

二、艺术体操音乐的应用

(一)音乐素材的收集

1. 聆听

聆听丰富多彩的音乐,增进对音乐的热爱,养成积累音乐素材的习惯。学习相关乐理知识,能够认识、理解音乐作品的题材内容、常见音乐体裁及表现形式,了解音乐要素在音乐中的作用。经常到公共图书馆或音乐商店去接触一些新上市的音乐,也可以通过互联网搜寻和下载音乐资料。如果查找到合适的音乐,就将这些音乐收集下来,建立自己的音乐资料库。同时,在教学中可以利用各种机会向学生介绍各种风格的音乐,培养学生对音乐的敏感度,促进对音乐的理解和欣赏,逐步培养积累音乐素材的好习惯。

选择音乐的初级阶段主要是通过自身的耳、脑神经的传导系统来完成的。这是一个复杂和漫长的过程,需要极大的耐心和长期的积累。通过反复聆听音乐,建立初步印象,掌握音乐的旋律、丰富的节奏等特性。在此基础上,反复比较不同风格与形式的音乐,有目的地确立所需要的音乐内容。另外,在聆听的同时要随时捕捉由音乐带来的灵感,激发创编的灵感与动机,对脑海中涌现出的动作素材进行筛选,来完成动作的初步设计工作。

第四章　艺术体操的音乐发展研究

2. 理解与分析

在了解众多音乐所带来听觉上的享受和内心共鸣之后,就会对音乐作品的含义有了更深层的理解。通过音乐的旋律起伏、和声变化、高潮迭起进行联想,用自身的体验去感受音乐内在的情感变化。然后从音乐的结构、高潮、风格、乐思及音乐的发展与过渡等方面方面进行整体构思与分析,对艺术体操动作的结构、段落、运动强度和动作的风格做出选择,最后确定恰当的表达方式和手段。

在艺术体操教学音乐的准备过程中,要真切地感悟音乐带来了什么,及时思考并提出下列问题。

(1)"听到这类音乐学生会有什么样的动作?其动作表现将是优美流畅还是活泼调皮?"

(2)"音乐能表达出具体的运动(摆动,绕圈或滚动)感觉吗?"

(3)"音乐容易跟上动作的节奏吗?"

(4)"音乐能增加练习的兴奋感吗?"

(5)"是否真正喜欢这个音乐?"

(6)"音乐能调动学生练习的积极性吗?"

(7)"能从音乐中获得什么题材(如河水、雨林的声音)吗?"

(8)"音乐的质量及声音能否充满整个练习馆?"

(9)"学生对这些音乐的反应如何?"

3. 保存与收藏

将选好的音乐录在磁带上或刻在光盘上,并且将录制好的音乐备份,以防损坏。目前大多数音乐是刻在光盘上保存的,这样使用起来更方便,能快速寻找并容易转换到下一首,而用磁带要倒带和进带,较浪费时间。可以在光盘或磁带上写上简单的介绍,如"缓慢、速度拍子"等。也可以注上具体内容,如"用于拍球""用于快速运动"等,这是很有用的方法。所选择的音乐不仅可以用于艺术体操教学课,还可以用于学校其他活动课、游戏课、舞蹈课等,还可以与同事探讨与交流对音乐的感受,这样有利于扩大收集音乐的范围,可使用的好音乐就会越来越多。

(二)表演音乐的选用

表演音乐在应用时,除根据成套动作的结构或具体要求确定音乐的长短起伏,或根据音乐的长短起伏来确定成套动作的结构外,还应考虑下列因素。

(1)当选中一首音乐时,要反复聆听,以确定需要的是哪一部分或几部分。

(2)想象用身体动作去表达音乐的感觉,如果能够感受到音乐带来的情绪时,说明走在正确的道路上。

(3)开始、主体、结束以及各个段落的衔接与过渡。

(4)音乐主体部分的乐句一定要完整。

(5)精彩的开始与结束音乐。

(6)如果使用嗓音伴奏的音乐,要确定歌词的内容是否健康或是否符合表演者的年龄特征。

(7)最后按照表演动作的需要,将各个部分连接起来。

(三)音乐的选配方法

1.先编动作后配乐曲

针对于教学动作比较简单,节奏变化少,时间又比较短的情况,先编好动作然后再配乐曲。首先确定练习的内容与特点,如弹簧步要配以刚健有力的音乐,波浪式动作要配以连绵不断、富有情意的音乐。其次在后期进行选配音乐时,要对不妥之处进行增减、修补或剪接。还可根据动作内容谱曲,这样办法最为稳妥,但是花费的时间和精力较多。

2.先选乐曲后编动作

根据已选好的音乐特点去创编与音乐相适应的身体练习。

第四章　艺术体操的音乐发展研究

根据组合或成套的特点选择同类的乐曲,通常是一首音乐曲的片段或小节,然后根据乐曲的节奏对动作素材进行有机串联。用表4-2所示的音乐节拍表,直观地将音乐的特性与节奏变化等详细记录下来,然后根据音乐来编排动作,使其完美结合。

表 4-2　音乐节拍记录表

动作＼节拍	节拍数							
	1	2	3	4	5	6	7	8
1×8								
动作								
2×8								
动作								
3×8								
动作								
4×8								
动作								
5×8								
动作								

音乐节拍表记写方法可从以下方面考虑:

(1)以 8 拍为一个单元,列出所有的单元,少于 8 拍的单元也包括在内。

(2)根据个人习惯运用标记符号记下音乐的音调、高和低的声音、声音部分的音乐效果、节拍及变化等。

(3)在节拍下方相对应的地方标出动作名称。

3.选配音乐编排动作的方法

音乐选配方法如图 4-4 所示。

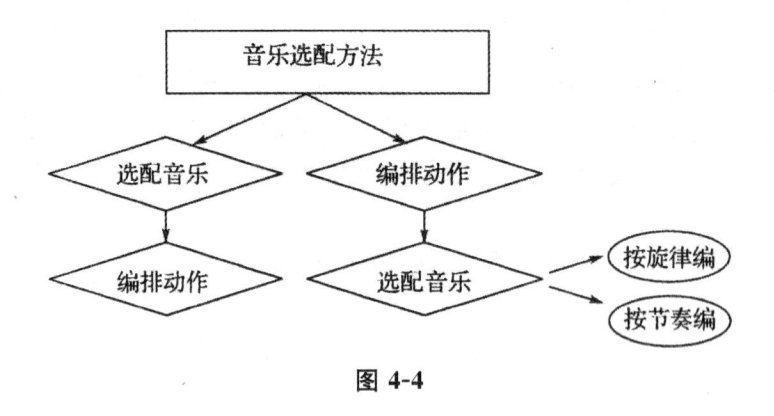

```
          ┌──────────┐
          │ 音乐选配方法 │
          └──────────┘
           ╱        ╲
       ◇选配音乐◇   ◇编排动作◇
          │           │
       ◇编排动作◇   ◇选配音乐◇ → (按旋律编)
                              → (按节奏编)
```

图 4-4

(1)按照音乐旋律编动作

按照音乐旋律编动作时最好选择学生熟悉的乐曲,这样做不仅能引起学生感情的共鸣,而且也容易掌握乐曲的节奏。比如,可以选耳熟能详的《雪绒花》编排一组手臂波浪练习,学生就会随着熟悉的音乐旋律把动作完成得更准确、更富有感情。

(2)按照音乐节奏编动作

节奏是指音乐中交替出现的有规律的强、弱、长、短的现象。由于节奏的不同,乐曲的风格就不同。在艺术体操练习中,节奏一般表现为动作力度上的增强和减弱,速度的加快或减慢。这样不仅可以使同一动作产生很多变化,而且还可以体现出不同的情绪和意境。按音乐节奏编排的动作,可有效地加强整个动作组合的表现力,使动作与快慢相间、强弱交织的乐曲节奏有机地、和谐地统一起来,产生强烈的艺术效果。

第三节　新时期艺术体操音乐的演变与发展

随着科技的进步和信息技术的普及,艺术体操音乐也有了更多的变化,有了全新的发展。本节就来探讨一下新时期艺术体操音乐的发展,主要研究艺术体操音乐的发展现状、数字化编辑,并给出发展对策。

第四章　艺术体操的音乐发展研究

一、艺术体操音乐的发展现状分析

(一)艺术体操音乐选配的认识现状

在我国无论是教练、运动员,还是裁判员,都认识到了音乐选配的重要性,也越来越关注对音乐的选择。其中,运动员对音乐的选配尤为注重,因为运动员是动作的完成者和展示者,而音乐是运动员执行动作的信号。运动员在完成成套动作的过程中通过听觉刺激产生动力,通过音乐发出的信号,有节奏地完成动作、表现个性、牵动观众,从而征服现场观众和裁判,获得好的名次。

可以说,音乐选配的好坏直接关系到比赛的胜负。不论是在平时教学、训练中,还是在实际比赛中,运动员对音乐的重要性有最深刻的体会。其次教练员也非常注重音乐的选配,因为艺术体操的成套音乐是严格按照艺术体操项目特色和项目技术特点来选配的,能在一定程度上反映出教练员对于成套动作的创编思路及运动员的个人技术特点。

(二)艺术体操音乐选配原则研究

通过走访运动员和教练员,发现目前对艺术体操音乐选配原则的研究从理论上来说是总体性的,系统性研究较少。关于选择时的注意事项、选配的原则、选配的合理性等问题的研究还没有形成理论体系。具体主要体现在以下几个方面。

首先,通过查阅大量文献发现,我国在艺术体操音乐选配理论方面的系统性研究明显不够,虽然国外和国内对选配理论均有不同程度的研究,但总体来说国内关于艺术体操音乐选择与制作的研究案例不多,较多情况下是模仿国外的,具体到实际中结合我国艺术体操和运动员的现状和特点去选取音乐的研究可谓是凤毛麟角。

其次,教练员亲自选配音乐时,绝大多数情况下是经验主义,即以自己的经验作为选配的理论依据,并没有系统的可遵循的原理和原则。

再次,专业制作人士缺乏具体的运动实践经验,选配音乐时,以教师、教练的意见为主要依据来确定音乐的节奏、风格等。

最后,运动员作为艺术体操的具体执行者,在实践中对音乐选配的好坏感触最为直接和深刻,但很少参与音乐选配工作,而且对音乐选配原则的理解也只是停留在基础感觉层面。

可以看出,目前我国关于艺术体操音乐选配方面的理论研究相对来说是总体性的,系统性研究不够,具体怎么选择,选的时候需要注意的问题,还没有形成理论体系,较多的停留在基础层面,并没有上升到系统的理性认知层面。这主要是由于这方面的相关研究较少,并受教练员经历、知识水平,音乐制作者的运动体验等因素的制约。

(三)艺术体操音乐素材现状

音乐素材是艺术体操音乐制作的基本材料和基础,选择适合的音乐素材是制作艺术体操音乐中非常重要的步骤。在查阅相关艺术体操音乐素材来源的资料后得知,目前我国艺术体操音乐素材的来源归纳为国外民族传统音乐、国外流行音乐、国内民族传统音乐、国内流行音乐和原创音乐五种类型,具体参见表4-3。

表4-3 我国艺术体操音乐素材类型

类型	特征
国外民族传统音乐	主题和风格鲜明,节奏感强,不利收集和编辑
国外流行音乐	节奏性强,时尚,表现力高,无明显主题,风格单一
国内民族传统音乐	意境准确,风格突出,节奏不鲜明,动作配合度低
国内流行音乐	传播性广,易收集,时尚节奏感不强,个性不鲜明
原创音乐	独立性强,配合度高,但创作难度大,连贯性不强

目前我国艺术体操音乐素材主要还是以国外流行音乐为主,其原因主要有以下三点。第一,艺术体操从西方传入到中国,进

第四章 艺术体操的音乐发展研究

入我国的时间很晚,在我国的发展起初在很大程度上受国外的影响,各方面很大程度上都是借鉴于国外的,音乐选配上也不例外。第二,近十几年来国外流行音乐在我国国内得以快速传播,也逐步拥有国内流行音乐的特点,在适合艺术体操音乐节奏、风格、激情、表现力等方面有着一定的优势。第三,在国际重大赛事中,裁判来自世界各地,他们对国外音乐主题风格的理解力比对国内流行音乐主题风格的理解力更强。

在艺术体操音乐素材的选择上,第二多的是国内流行音乐。根据相关资料可知,国内流行音乐被选为艺术体操音乐素材的数量呈增长之势,这与国内流行音乐的快速发展、迅速普及以及我国艺术体操运动水平的提高是分不开的。其中最为重要的一点是国内流行音乐在节奏感和内容方面发生了大的变化,特别是出现了明显的快速节奏性,较大程度上能适合艺术体操自身的风格,动作的节奏等,加上其传播广泛,易收集等优势,使得国内的流行音乐在近几年被广泛选作艺术体操音乐素材。

此外,国内民族音乐、国外民族传统音乐和原创作音乐素材在艺术体操的音乐选择中所占比例不高。由于艺术体操是源自西方的运动,其运动的特点普遍需要激情洋溢和节奏鲜明的音乐来引领,而国内的民族及传统音乐多以轻、慢、柔和为特点,这是国内民族和传统音乐乐段很难用于艺术体操的原因。至于国外民族传统音乐,虽然具有主题和风格鲜明,节奏感强等优点,但不利收集和编辑,且加上国内制作人员对其文化的理解有限等原因,少有乐段被我国音乐制作者所选取。在原创音乐方面,我国还处于刚刚起步和尝试阶段。

(四)艺术体操音乐风格现状

通过查阅相关资料发现,不管音乐的素材来源如何,目前艺术体操音乐通过加工处理后,最终通常是以爵士乐、迪斯科乐、摇滚乐、轻音乐、交响乐、民族乐的风格形式出现。

我国艺术体操音乐主要是以爵士乐、迪斯科乐、摇滚乐等三种主要的风格形式出现,与世界先进国家基本是同一主流方向,这与艺术体操整套动作的刚劲有力、快速连贯、起伏鲜明、优美大方等特点较为相符。

二、艺术体操音乐的数字化编辑

(一)艺术体操音乐数字化编辑的原理及素材

1.艺术体操音乐数字化编辑的原理及素材

数字化音频在制作艺术体操伴奏音乐时,各种相关的声源(如麦克风、磁带录音、无线电和电视、广播、CD等)所产生的音频信息都可以进行数字化处理。音频的数字化过程包括采样和量化两个过程。数字化音频通常被称为是一种"采样"的声音。采样实现对连续的声音信号进行采样,叫"取样",就是每隔一段时间间隔读一次声音的幅度,又称为时间方向上的量化。量化是将采样得到的在时间上连续的信号(通常为反映某一瞬间声波幅度的电压值)加以数字化,使其变成在时间上不连续的信号序列,这就是通常的 A/D 转换。

2.数字化音频文件的格式及来源

(1)wav 文件

wav 文件是微软公司开发的一种声音文件格式,用于保存 Windows 信息平台的音频信息资源,被 Windows 平台及其应用程序所支持。由于波形文件是数字化的音频信号,因此,计算机可以很方便地对其进行处理和播放,可以轻松地加快或放慢播放速度,将声音重新组合或剪切成一段单独处理等,这样 Windows 中所带的"录音机"程序就可以很方便地运行。波形文件的缺点主要是其产生的文件太大,一张 650MB 的空白光盘最多也只能容纳 60~70 分钟的节目,不适合保存时间长的声音,因此在多媒体数字化软件制作中要对其进行压缩处理。

(2)midi 文件

midi 音频是多媒体计算机产生声音的另一种方式,可以满足长时间播放音乐的需要。与波形文件不同的是,midi 文件并不对音乐进行采样,而是将每一个音符记录为一个数字,而 midi 标准规定了各种音调的混合及发音,通过输出装置就可以将这些数字重新合成为音乐。midi 文件的播放效果取决于声卡上的合成芯片限制,而如果使用波表合成功能的声卡播放该文件,则会使 midi 音乐的质量提高到接近 CD 唱片的音质。

(3)mp3 文件

mp3 指的是 mpeg 标准中的音频部分,也就是 mpeg 音频层。Mpeg 文件的压缩是一种有损压缩,根据压缩质量和编码处理的不同分为三层,分别有 mp1、mp2 和 mp3 这三种声音文件,相同时间的 mp3 文件要比 wav 文件小,但保真效果不如 wav。

(4)wma 文件

wma 格式也是一种数字音乐的格式,在压缩率和音质上都好于 mp3。

(5)CD 音频

CD 音频是一种数字化声音,以 16 位量化级、44.1 千赫采样频率的立体声储存,可完全重现原始声音,每片 CD 唱片能记录约 74 分钟的音乐节目。

3.音频素材文件的格式转换

由于 wav 文件记录的是数字化音频信号,因此可由计算机对其进行处理和分析,如放慢或加快访问速度,将声音重新组合或抽取一些片断单独处理等,并且保真效果要好于其他格式,所以在做艺术体操音乐时,提倡用 wav 文件。但如果存储空间不允许,也可以借助计算机,以 wav 文件为中介,将 wav 文件转换为 mp3 文件。而获取 wav 文件的途径有很多,比如 Windows 中的"录音机"等编辑软件都可以直接将各种格式的音乐录制为 wav

文件；也可以用一些音频的播放软件，如暴风影音等直接将 CD 音乐抓轨为 wav 文件。要注意的是，录制的音频素材 wav 文件会出现一定的杂音，其音质远不如直接从 CD 抓轨下来的好，艺术体操音乐的来源多是从 CD 直接抓轨下来的。

(二)艺术体操音乐数字化编辑的处理

1.拿来主义

直接用现成的、已经制作好的音乐，从一些迪斯科、爵士乐、摇滚乐和民族音乐中，根据动作时间，直接选用或简单截取自己所需要的音乐，且不需要任何改动，这就是拿来主义。这种方法一般是先选择音乐，再根据选择的音乐来编排动作。该种方法在很大程度上限制了艺术体操动作的编排并且影响到艺术体操动作与音乐的融合。

2.通过软件进行数字化编辑和效果处理

国内和国外的音频处理软件主要有 EasyCD-DAExtractor，Exaot Audio Copy. MP3HomeSutdio 等。每个软件都有自身特点，可根据需要选择。常用制作与合成的方法有复制、粘贴、剪切、删除、插入、变速、混合等。

收集或制作的声音不一定与动作协调一致，还得对声音文件进行整理，一般成套音乐开头可采用 10 秒的慢拍或造型变化，以突出风格特点；中间每部分或小的阶段要体现起伏跌宕的节奏变化。

如果是经过剪接，则剪接处前后乐曲的旋律要出在同样的节奏上，并有一定的连贯性，在结尾处要保持音乐的完整性，避免造成结束动作的生硬与僵化。对音乐进行效果处理，使音乐的音量、节奏、速度与动作的节奏、速度更好地协调吻合，调节立体声，增加环绕效果，使音乐有力地支撑起动作。

通过软件进行音乐数字化编辑通常有以下操作：

第四章　艺术体操的音乐发展研究

(1) 编辑定位

在进行编辑各种声音的操作之前,用户经常需要确定需要操作的位置,即找出需要处理的某些音点,称为确认插入点。

(2) 删除

编辑声音的一个重要目的就是使声音文件尽可能紧缩。将空白的声音和音尾剪切掉是编辑声音文件的基本要求之一。通常来说,声波的前后各有一段空白,就是音首和音尾。它们分别在音频播放前后产生停顿,并增加了音频文件的大小,将每个声音文件的零碎部分清理干净,它的大小和启动时间会明显减小。

(3) 静噪

噪音信号强度通常比有用信号强度要小。设置一个门槛,低于这个门槛的信号为噪音,把噪音全部消除掉,就是静噪。

(4) 均衡

音乐中所包含的频率成分是非常丰富的。如果制作的音频信息频率分布不是很均匀,比如高音过重、音箱太刺耳,或是低音不足、缺乏力度,就要对音频进行频率补偿,提升不足的频段,衰减过重的频段。另外,由于人耳对频率的响应是非线性的,所以也要依照人耳的特性做相应的补偿。音频处理软件一般会提供两种频率均衡器,可以对音频信号按频率进行提升或衰减。

(5) 增益调节

增益调节的作用是快速地提升或衰减音频文件的音量幅度。

(6) 淡入、淡出与交互渐变

淡入的作用是使波形文件的音量逐渐增强,淡出的作用是使波形文件的音量逐渐减弱。

(7) 混响

所谓混响,简单地说就是声音余韵,即音源在空间反射出来的声音。适当的设置混响,可以更真实、更有现场感地再现声音源,也可以起到修饰、美化的作用。

(8) 合唱

合唱是指声音重叠,使原声加宽加重。

(9)延迟

增加音源的延续。它不同于混响,是原声音的直接反复,而非余韵音,也与合唱不同。合唱的声音重叠是齐整的,而延迟给听众一种错位、绵延的感觉。

(10)反转

反转的作用在于把一段音频波形完全倒转(即反相)过来,可以得到一些特殊的音效。

(11)混入第二种声音和特殊音效

有时需要在艺术体操音乐中加入一些音效,来制造特殊气氛。

3.自己创编音乐

可以根据编排的动作,通过鼓点生成器或直接编写五线谱的音乐编辑软件直接创作音乐。专业制作与合成方法有编辑节拍、调号、音符、输入和弦编写五线谱等。可以完全根据动作的需要、自己的风格创编音乐,使音乐与动作融为一体,这需要相关创编者具有很高深的音乐乐理水平,一般的艺术体操老师很难掌握,需要请教音乐老师。

4.文件的保存与输出

在计算机上做好了艺术体操的音乐,应当保存为 wav 格式,也就是标准的 CD 格式,也是我们所使用的大多数刻录软件所支持的格式,最后将 wav 刻录成光盘或录制成磁带,有利于使用和保存。

三、新时期艺术体操音乐的发展对策

(一)加强科学研究,完善理论系统

一方面,加强对规则的研究,强调所选配的音乐与竞赛规则要求的一致性。任何竞技比赛项目,都有其规则与之相对应。严

第四章　艺术体操的音乐发展研究

格遵守规则是在比赛中取得优异成绩的前提条件，艺术体操规则在音乐的选配中起着重要的导向作用。表现力是在音乐的带动下形成的，在音乐的配合下，表现力才会得到充分的展现，同时合适的音乐效果配合，音乐的节奏分明，都会带动运动员表现力的提升。可以说，艺术体操规则对音乐的使用有着严格的要求，对其质量有着很高的要求。因此，我们应加强对规则的研究，在符合规则要求的前提下去选配音乐，始终保持我国艺术体操所选配的音乐与竞赛规则要求的一致性。

另一方面，加强在理论方面的研究，完善音乐选配的理论系统。理论对实践起着指导作用，毫无疑问，要选配出合理的音乐，必须要有系统科学的理论依据来指导实践选配。但我国的艺术体操发展本身就比较晚，加上多年的艺术体操科学研究都是来源于国外和国内的教学，用于竞技方面的科学研究还很薄弱，特别在音乐选配方面更是参照国外的音乐模式，没有形成自身选配的理论系统，使得我国艺术体操音乐选配普遍缺乏特色和切合实际的理论依据。可以说，目前我国音乐选配的方法和原则等理论较多停留在基础感觉层面，仍主要是以参照国外的音乐模式为主。因此，对于艺术体操的教练员和运动员来说，应加强艺术体操音乐选配的系统性研究，把对音乐选配理论的研究从基础的感觉和经验层面上升到理论认识层面，积极探索既具有我国传统文化音乐特点又具有国外优秀艺术体操音乐风格的选配方式，形成具有自身特色的完善的理论体系，为我国艺术体操音乐的选配提供正确的理论指导。

（二）根据动作特点，提高配合程度

音乐是艺术体操的灵魂，是服务于艺术体操动作的功能性音乐。音乐与动作的配合关系体现在四个方面，分别为保持音乐风格与动作风格的一致性、保持音乐节奏与动作节奏的协调性、保持音乐结构与动作布局的统一性、成套动作与音乐时间配合。通过进一步调查发现，目前我国艺术体操音乐与动作之间配合上存在的问题主要体现在音乐节奏与动作节奏的协调性方面。

通过对音乐节奏现状的分析可知,目前国内在比赛中对音乐节奏的选择较多趋向加快节奏,有的队为了追求快节奏,忽视了运动员的能力,结果是动作幅度小,整套动作显得忙乱跟不上节拍。

因此,在音乐选配时,应根据国内运动员技能水平和所编动作的特点,进一步提高音乐与动作的配合程度,始终保持音乐与动作的节奏、旋律、风格、特点、结构布局的一致性,其中特别需要提高的是音乐节奏与动作节奏的协调性。

第一,克服过度追求快节奏而忽略运动员能力的现象。

第二,选择较有特色的民歌时,应对所选取音乐做快速处理,以免音乐节拍、节奏太慢无法与动作吻合,影响了整套动作的质量。

第三,选配的音乐旋律要配合动作的节奏,即根据动作的快慢、用力的强弱、动作幅度的大小、方向的转换、身体姿势高低起伏等来配合相应旋律的音乐。

第四,应选择不同相应节奏的曲调配合成套艺术体操中有不同拍的动作节奏,一套动作中有慢节奏也有快节奏,应选择不同的相应节奏的曲调给以配合,只有这样才能真正实现音乐与动作的和谐统一,使一套艺术体操成为完整的艺术。

(三)根据技术风格,融入民族特色

选择的音乐风格突出,才称得上具有很强的吸引力和感召力。艺术体操规则中并没有确切规定哪种音乐风格不能被选用,任何适合艺术体操的音乐风格均可被采用。可见,作为世界性的比赛项目,艺术体操并不排斥民族化,反而鼓励民族特色。然而,目前我国在音乐风格上显得过于单一,严重缺乏与动作风格相匹配的民族特色的风格。

艺术体操的动作特点和风格是通过与同风格音乐水乳交融的配合表现出来的,因而音乐的旋律和风格与动作的性质、风格

第四章 艺术体操的音乐发展研究

以及练习者的技术特点必须融为一体,否则艺术体操就失去了其独特的艺术感染力。不同的国家有不同的民族传统思想,情感的表达方式也有很大差异,这种差异便形成了民族风格。不同国家运动员的技术风格必然会受民族文化的影响,表现出民族性,技术动作、艺术编排、音乐格调等都会体现出所在民族的文化艺术痕迹。

因此,应根据我国艺术体操运动员动作技术所具有的民族特点,多挖掘富有内涵的民族音乐,而不是一味地追赶潮流音乐,可以在音乐风格中注入民族文化特色,形成我国新颖独特的音乐风格。这有利于运动员更深入理解音乐的内涵,在音乐的情绪与动作的表现力上更容易达到和谐、融洽,从而有助于发挥运动员最佳的一面,适当弥补队员的不足之处。既可考虑传统又可结合时代的潮流,立足于本国情况和传统,结合当今时代潮流,确定出自己音乐独有的特色与风格,达到了"独具一格"的效果。比如《梁祝》是大家耳熟能详的传统乐曲,将其改编成爵士风格或是加快节奏后就能作为很好的伴奏。

(四)素材突出新颖,注重多样化

音乐作为完整的艺术形式有着自己独特、系统和完整的艺术规律。不同的国家有不同的民族传统思想,情感的表达方式也有很大差异,反映在音乐的形式、内容上也应是多种多样的。就音乐素材的选用来讲,无论是选用外国的还是本土的都有各自的道理,但更应注重创新,突出新颖,向多样化方向发展。

目前,我国艺术体操音乐的选择大多取材于国外流行歌曲,且主要以迪斯科、爵士乐和摇滚乐的形式出现,此类音乐节奏欢快、铿锵有力,增强了动作力度和表演效果,但缺乏创新意识,千篇一律,没有自身鲜明的风格特点。

我国有着五千年悠久历史,创造出光辉灿烂的中华民族文化,其音乐文化也是十分珍贵的,这为艺术体操在音乐素材选择上拓宽了道路,值得去挖掘、利用。因此,可以大胆采用国内民族歌曲和流行歌曲作为音乐素材,创编出具有中国特色的新颖音乐。

(五)加强专业培训,提高制作能力

加强专业培训,主要是指加强对教练员、运动员和专业音乐制作人员的培训。

首先,加强教练的培训,增加其音乐学习机会。由于目前我国还是以教练员独立制作音乐为主,而教练员普遍无专业音乐学习经验。因此,可通过各种短期培训或进修等途径为教练员提供音乐学习机会,提高其音乐制作技术。

其次,加强运动员的音乐素养的培养。一方面,我国艺术体操教练员大部分是以运动员出身转而执教,从长远的角度来看,要提高教练员的音乐制作水平,应从加强运动员音乐选配技能等素养的培养抓起;另一方面,运动员动作受到音乐的影响是最为直接的,提高他们的音乐制作技能也是运动员提高自我的需要。

最后,加强专业音乐制作人员对艺术体操特点和动作风格的了解和学习,使他们能较好地掌握艺术体操的特点和规律,提高他们单独创作音乐和编辑创新的能力。

要从根本上提高音乐的制作质量,还必须不断完善制作途径。一方面,进一步推广教练员与专业音乐人员共同制作音乐这种途径,这能在一定程度上克服我国教练员在制作技能上的不足,又能解决我国专业音乐制作人对艺术体操动作特点了解不深的问题。另一方面,运动员受动作与音乐影响最为直接,对动作和音乐的体会也是最为实际和深刻的,在音乐制作过程中,尽量让运动员参与进去,把教练员的经验、专业制作者的制作技能以及运动员的切身体会融为一体,制作出来的音乐定更为完善。

(六)加强推广力度,奠定发展基础

艺术体操运动在我国起步较晚,在近几年内得到了飞速的发展,特别是受到了广大女性的喜爱,但这主要是指大众艺术体操。

第四章 艺术体操的音乐发展研究

虽说我国竞技艺术体操取得了较为可喜的成绩,但在国内的普及程度远不如大众艺术体操,受大众关注的程度也是比较低的,其中一个重要原因是由于我国艺术体操推广程度不够,举行的艺术体操比赛也较少,在国内举行的全国性乃至世界性的艺术体操的比赛更是屈指可数,从而导致缺乏坚实的群众基础。

因此,应通过多举行不同组别的国内艺术体操比赛,努力争取承办世界级的艺术体操比赛等途径来加大艺术体操在我国的推广力度,让更多人参与进来,让更多的人可以通过不同途径了解艺术体操,从而达到提高全民对艺术体操的认识和了解。就音乐选配方面,通过举行大量的比赛,能加强国内各队之间的交流和学习,及时了解自身音乐选配的现状,发现存在的问题,对音乐选配水平以及艺术体操竞技水平的提高具有很大帮助。更为重要的是,通过加大艺术体操的普及力度,提高全民对其的关注程度,可以为艺术体操在国内的发展奠定更好的群众基础。只有拥有更大的群众基础,吸引更多的人关注艺术体操,并且参与进来,才能为艺术体操在我国的发展奠定扎实的基础,才能在更大程度上吸引社会对艺术体操运动的投入。

第五章　艺术体操基础动作训练

在具备了良好的身体素质,做好心理准备后,就可以接受艺术体操的专项训练了。基础动作是艺术体操初学者必须要学习的,本章就来研究艺术体操的基本动作训练。

第一节　基本姿势训练

一、空间的基本姿态

(一)站

站是人体在空间最基本也是最重要的姿势。

站立的基本要求是:头正直、沉肩、挺胸、直背、收腹、夹臀、腿上收。

(二)跪立

跪立姿态如图 5-1 所示。

(三)坐

坐姿如图 5-2 所示。

(四)卧

卧的姿态如图 5-3 所示。

第五章 艺术体操基础动作训练

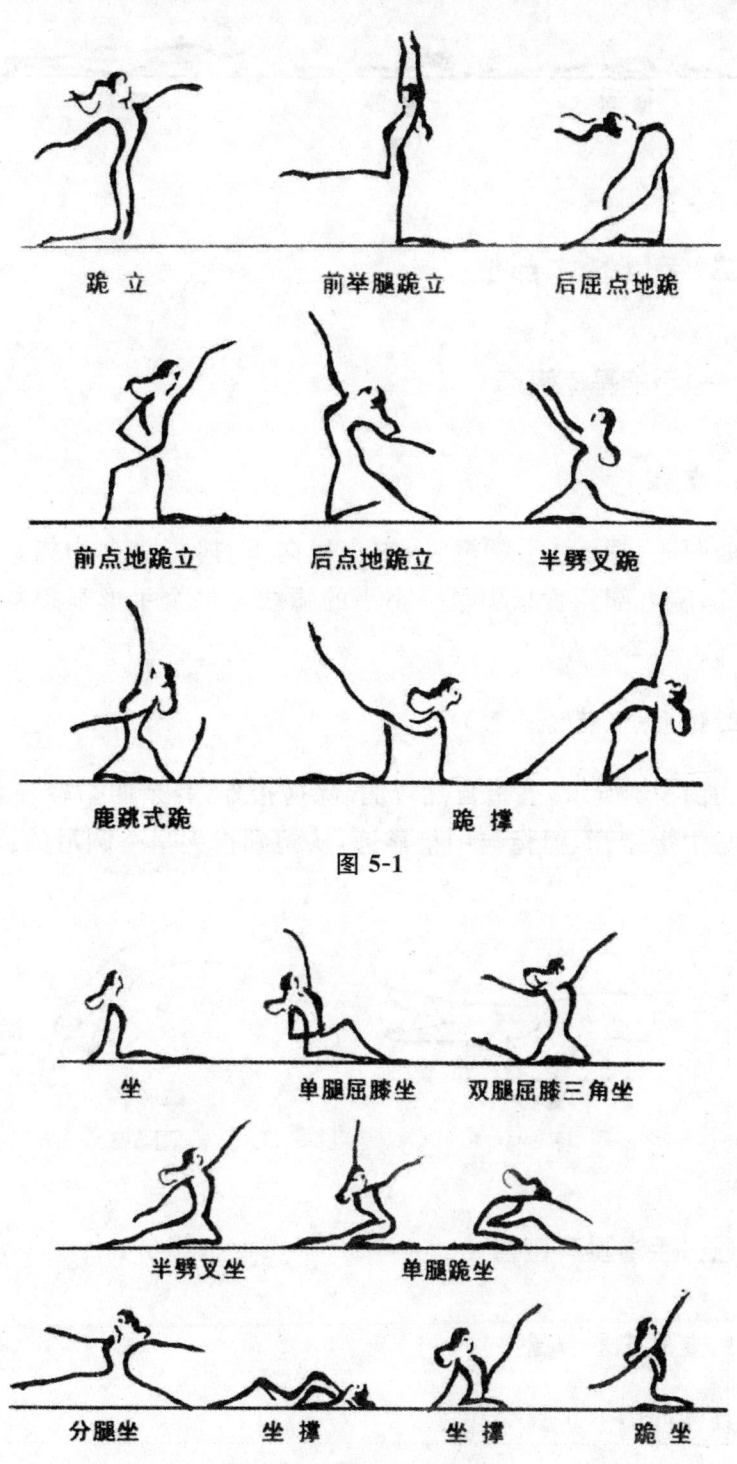

跪立　　　　　前举腿跪立　　　　后屈点地跪

前点地跪立　　　后点地跪立　　　　半劈叉跪

鹿跳式跪　　　　　　跪撑

图 5-1

坐　　　　单腿屈膝坐　　　双腿屈膝三角坐

半劈叉坐　　　　单腿跪坐

分腿坐　　　坐撑　　　　坐撑　　　跪坐

图 5-2

仰卧　　　　　俯卧　　　　　　侧卧

图 5-3

二、手臂基本部位

(一)手的基本姿态

1. 直手

如图 5-4 所示,手掌挺直,中指稍向下,拇指靠向中指。小指稍向外,腕上部到食指尖呈一小小的弧线。整个手形显得舒展而有生气。

2. 弧形手(芭蕾手形)

如图 5-5 所示,五指自然弯曲,除拇指外,其余四指轻轻靠拢,食指与中指错开,拇指与中指靠近,从腕到指尖呈一圆滑的弧形。

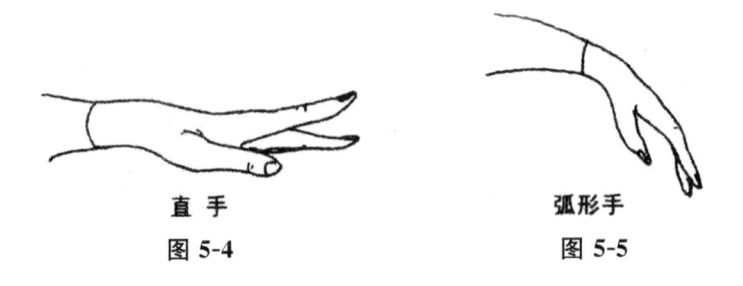

直手　　　　　　　　弧形手
图 5-4　　　　　　　图 5-5

(二)手臂基本位置

1. 直臂基本位置

具体如图 5-6 所示。

第五章　艺术体操基础动作训练

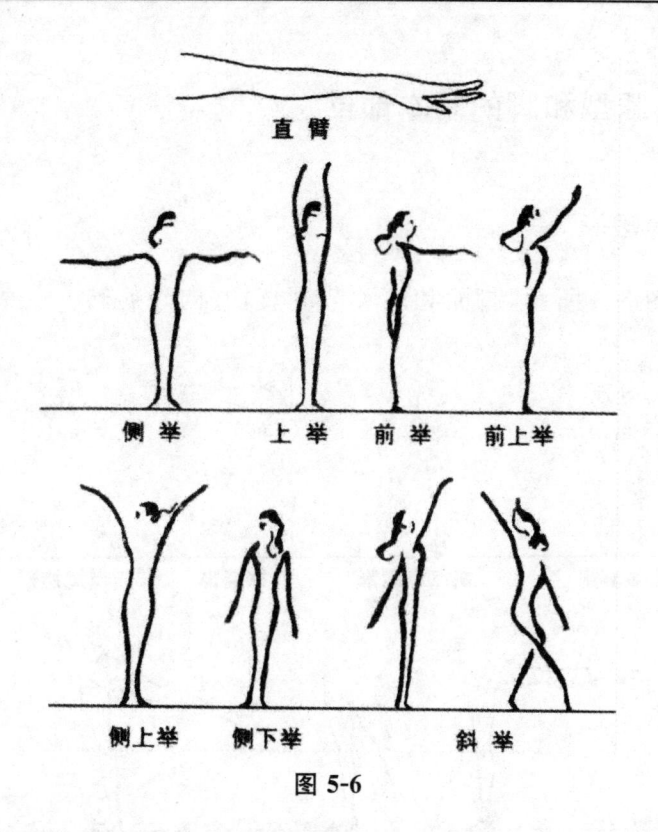

直臂

侧举　上举　前举　前上举

侧上举　侧下举　斜举

图 5-6

2.弧形臂的基本位置(芭蕾手位)

具体如图 5-7 所示。

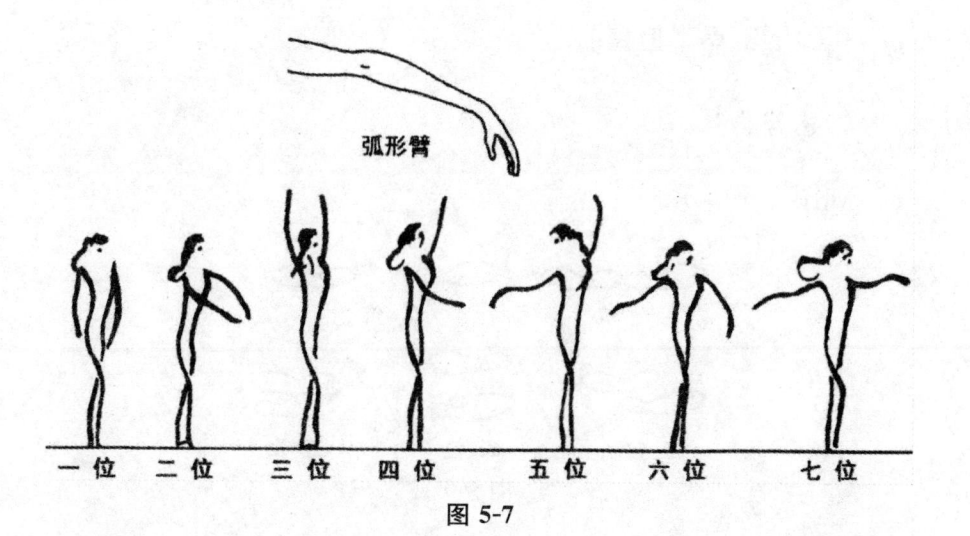

弧形臂

一位　二位　三位　四位　五位　六位　七位

图 5-7

三、腿型和脚的基本部位

(一)腿形

如图 5-8 所示,脚面和膝关节绷直,并向外旋转。

立姿腿形　前点地腿形　前举腿形　侧点地腿形

侧举腿形　后点地腿形　后举腿形

图 5-8

(二)脚的基本位置

1. 芭蕾脚位

如图 5-9 所示。

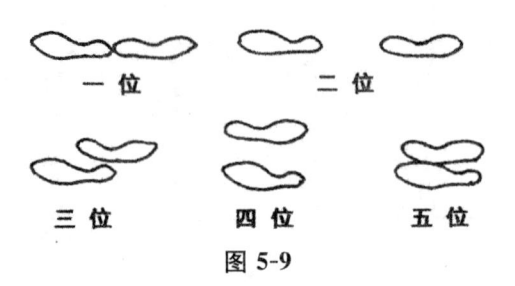

一位　二位

三位　四位　五位

图 5-9

第五章 艺术体操基础动作训练

2. 中国舞脚位

如图 5-10 所示。

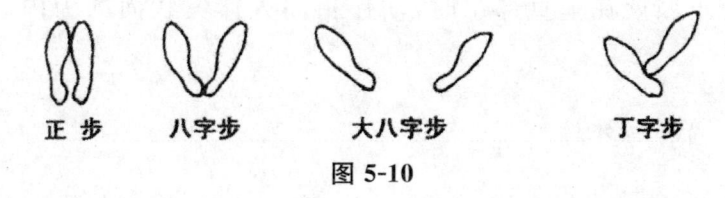

正步　　八字步　　大八字步　　丁字步

图 5-10

四、基本方向

（一）基本方向的含义

艺术体操徒手动作的基本方向是指动作的指向与人体运动的基本平面平行或垂直的指向。包括前、后、左、右、上、下六个方向。即人体直立时胸对的方向为前，相反面为后；人体左侧所对的方向为左，相反面为右；头顶所对的方向为上，相反面为下。

（二）基本方向的名称

1. 俯与仰

身体伸直，胸对地的方向为俯，相反面为仰。

2. 侧

侧是左右的总称。身体左边所对的方向为左侧，相反面为右侧。

3. 同侧与异侧

同侧是指上下肢动作开始的指向与做动作的左右上下肢方

向名称(如右臂)相同,相反面为异侧。

4. 内与外

上下肢处在垂直部位时,动作指向人体矢状面的为内,相反为外。

5. 内转与外转

人体在器械上转体过程中,先用胸对器械侧面的为内转,相反为外转。

6. 中间方向

中间方向是指两个互成 90°的基本方向之间(与基本方向成 45°角)的方向,如前上、前下、侧上、侧下、前侧等。

中间方向名称的组合是由两个基本方向名称组合而成的。如"向上"是由基本方向的"前"与"上"组合而成。

中间方向名称的书写顺序为:凡是人体运动部分处于人体前面的,第一个字为"前",侧面的为"侧",后面的为"后"。

7. 斜方向(中间方向的中间方向)

斜方向指三个互成 90°的基本方向之间的方向。也可以说是水平面的中间方向与额状面中间方向的中间方向。如前侧上、前侧下、后侧上、后侧下等。

斜方向名称的组合是由三个基本方向名称组合而成。亦可理解为水平面的中间方向(如前侧)与"上"或"下"组合而成。

斜方向名称的书写顺序为:凡是人体运动部位处于身体前面的,先写水平面前面的中间方向,后面的先写前后面的中间方向,最后再写上或下。

第二节　徒手动作训练

一、摆动与绕环

(一)摆动

摆动是以身体某一关节为轴,做自然、柔和的钟摆式摆动动作。在做摆动动作时,各关节弯曲与伸展是依次连贯地进行的,即由近侧端开始发力,向远端传递形成浪峰推移。在手臂波浪中肘关节随手臂上下摆动而转动。

1.手臂的摆动

以肩为轴,使臂在身体的各种面上做钟摆式的运动。主要动作有左右摆动、前后摆动、里外摆动、斜前后摆动等,具体如图5-11所示。

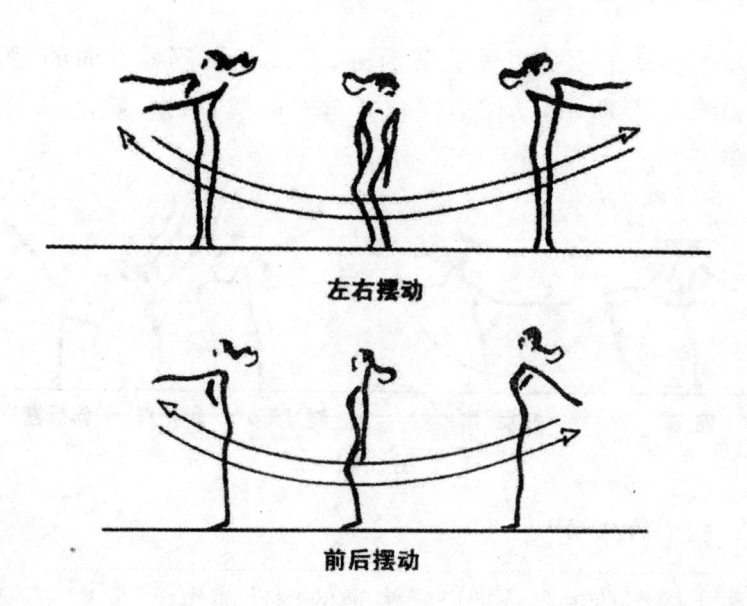

左右摆动

前后摆动

里外摆动

斜前后摆动

图 5-11

动作要点:以肩为轴摆动,臂直而不僵,摆幅尽量大。摆动动作要有一定力度,手臂不能过分松弛。臂摆动时,膝要随之有弹性地做屈伸动作,以增加摆幅和动作的弹性。

2.腿的摆动

腿的摆动主要是以髋关节为轴,向前、后、侧各方向的摆起动作。如图 5-12 所示,动作形式包括自然前摆、后摆、侧摆、斜前摆、斜后摆等。

前摆　　后摆　　侧摆　斜前摆　斜后摆

图 5-12

3.躯干的摆动

躯干的摆动主要是指以腰为轴的摆动动作,可向左、右或前、

第五章　艺术体操基础动作训练

后摆动,如躯干向左、右摆动。做此动作时,两脚开立,两臂右侧举。上体向右下经体前屈摆至左侧,上体还原直立,同时两臂随上体摆动,摆至左侧举,接着由左向右摆动,并还原成预备姿势。

动作要点:两腿伸直,重心在两脚间,利用上体的重力作用,以腰为轴左右放松摆动。上体放松,动作协调,摆动幅度充分。

(二)绕环

绕环是以身体某一关节为轴做移动范围在 360°以上的圆形绕动动作。一般包括手臂绕环、腿部绕环和躯干绕环等。

1.手臂绕环

(1)大绕环

以肩为轴,臂伸直,在体前、体侧做 360°以上的环形动作。主要包括体侧向前、向后绕环,体前向里、向外绕环和臂"8"字绕环 3 种。

①体侧向前、向后绕环

如图 5-13 所示,由上举开始,利用臂下落的重力在体侧做向前、下、后、上绕环。体侧向后绕环与前绕环的路线相反。

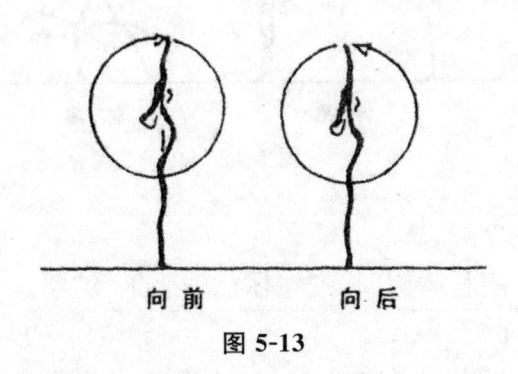

图 5-13

②体前向外、向里绕环

如图 5-14 所示,由两臂侧举开始,直臂下落至体前交叉,然后再向上向外分开至两臂侧举(手心向上)。如接做第二次绕环,先翻掌,使手心向下,再继续做。向里绕环的运动路线正好相反。

如做单臂向里、向外绕环,臂经体前时,手要超过躯干中心线,目随手动。

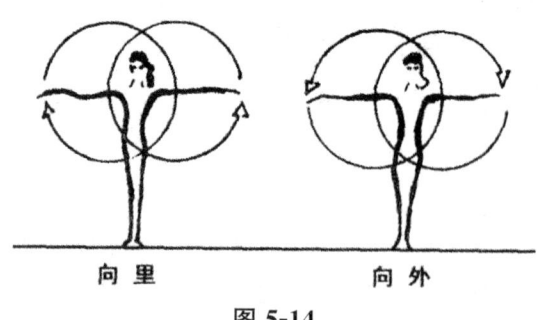

向里　　　　向外

图 5-14

③臂"8"字绕环

A. 体侧"8"字绕环

如图 5-15 所示,从两臂上举开始,经左下、左后、前上、右下、右后、前上,在身体两侧做大的垂直"8"字绕环。也可反方向绕。

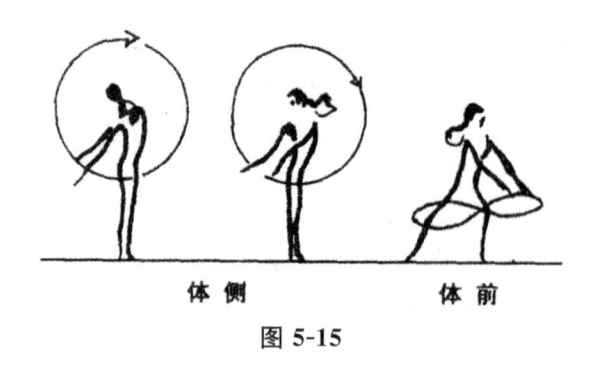

体侧　　　　体前

图 5-15

B. 体前"8"字绕环

绕环的方法与体侧同,唯在体前划水平"8"字。

(2)中绕环

中绕环是指以肘关节为轴,以小臂为半径做垂直向里、向外及体侧到头上的水平绕环。

动作要点:手指带动;体前的肘绕环,都有手指指向胸的过程;体侧的水平绕环,都有手指指向髋的过程;体侧和头上的水平绕环,手心永远向上。

第五章　艺术体操基础动作训练

（3）小绕环

以腕关节为轴，做内、外、上、下的绕环和"8"字绕及小五花等。

2. 腿部的绕环

以髋、膝、踝为轴做圆形的绕环动作。

3. 躯干的绕环

躯干绕环是上体弯曲的一种联合动作，通过练习可以增强腰、髋的柔韧性、灵活性及控制能力。

二、基本步伐与舞步

步伐练习是艺术体操徒手动作的主要内容之一，它能培养练习者的协调性、节奏感及表现力，通过与手臂动作、身体姿态及各种器械动作的结合，使其更具有活泼多变的特色。

艺术体操的基本步伐有柔软步、足尖步、柔软跑、滚动步、弹簧步。常用的舞步有变换步、波尔卡步、华尔兹步、跑跳步、向侧交叉步、交替步、加洛普步、插秧步等。

对初学者来说，这部分内容是最适合练习的，因它简单易学，又有一定的运动量，再配上节奏明快的乐曲，练起来生动活泼，使之成为高校体育课的重要内容。

（一）基本步伐

1. 柔软步

如图 5-16 所示，自然站立，左腿支撑，右腿外开、绷脚直膝向前下方伸出，由 2、3、4 脚趾先触地，再过渡到全掌着地，重心随即前移；之后换左脚做。

动作要点：做此动作前，先做好正确的站立姿势。走时上体正直、立腰、立髋、收腹、收臀，腿保持开、绷、直。走时肩、髋正对前方，每走一步重心要及时前移。走的过程中，腿的肌肉要有紧张与松弛的交替，前脚相对紧张，后脚松弛。

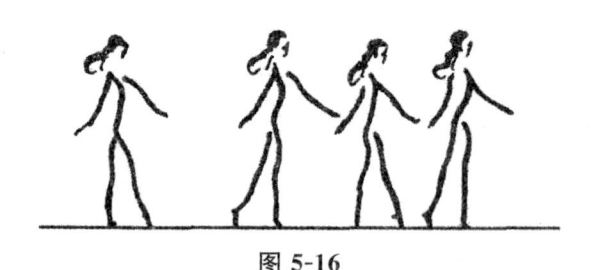

图 5-16

2. 足尖步

如图 5-17 所示，迈出腿的膝关节和脚面绷直外展，落地时要从脚尖过渡到前脚掌。足跟尽量提高，上体挺直，收腹立腰，直臂摆动。两脚并立提踵，两手叉腰。右腿膝和脚面绷直向前伸出（脚尖稍向外），由脚尖过渡到前脚掌落地支撑，重心前移，两腿交替进行。

图 5-17

动作要点：身体正直，收腹立腰，步幅均匀且不宜过大，支撑腿脚踝充分向上立。动作要自然、协调，提高踵，重心平稳。

3. 柔软跑

在柔软步的基础上，后腿蹬地跑。如图 5-18 所示，柔软跑包括普通柔软跑、前踢跑、后踢跑、跨步跑、直线碎步跑和弧形跑等。

第五章　艺术体操基础动作训练

普通柔软跑　前踢跑　后踢跑

跨步跑

1—4　5—6　7—8
直线碎步跑

1—4　5—8
弧形跑

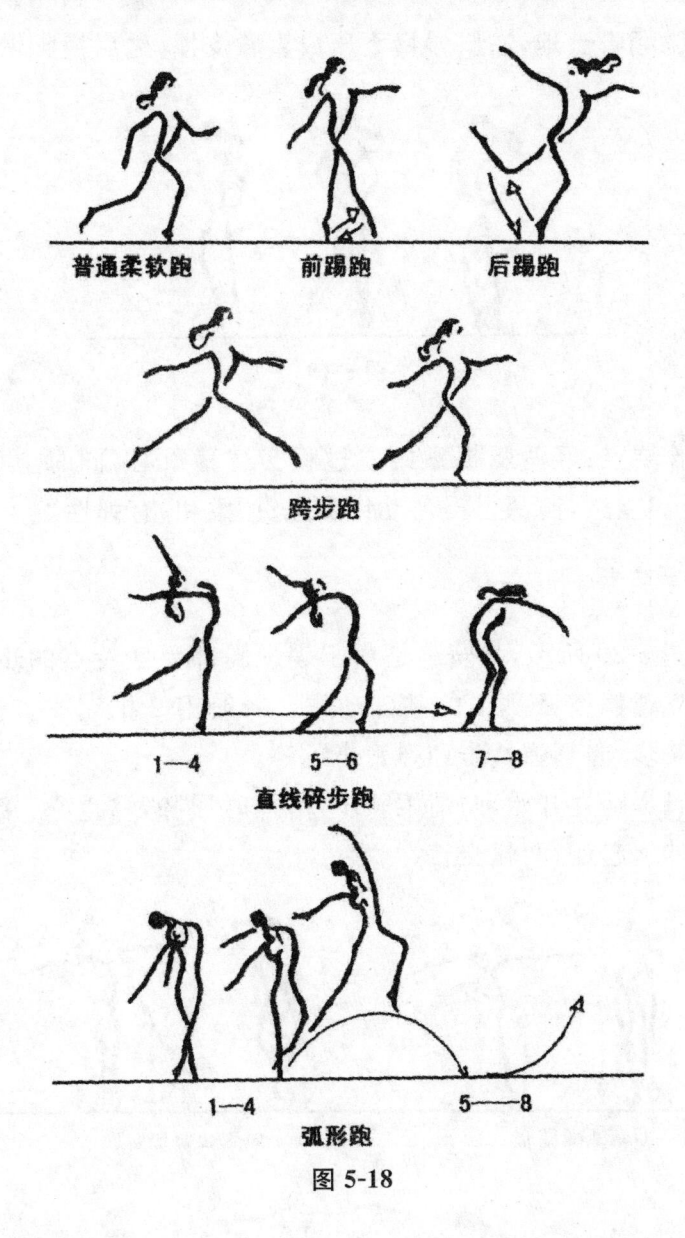

图 5-18

4. 滚动步

滚动步是柔和、连贯、有弹性的步法,可原地做,也可向前、向后或跑动做。

如图 5-19 所示,左脚支撑,右腿屈膝绷脚尖踮于左脚旁;然后左脚慢慢起踵同时,右腿慢慢直膝下压,经双脚起踵支撑后,左脚

· 111 ·

慢慢屈膝绷脚点地,右脚慢慢下压成直膝支撑,之后换脚做。

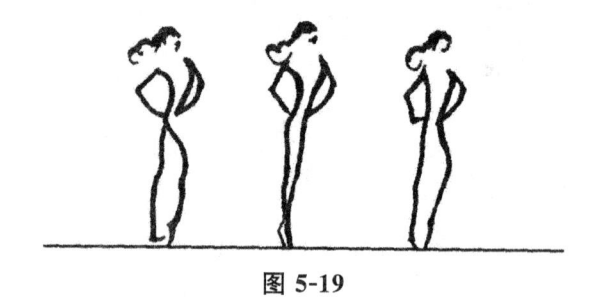

图 5-19

动作要点:经两腿提踵站立过程交替移重心,同时上体保持正直,收腹立腰,髋部上提。动作要连贯、柔和、有弹性。

5.弹簧步

如图 5-20 所示,弹簧步是用于表现腿部弹性特点的步法,也是单脚立踵舞姿及跳步的基础动作。一般用 2 拍完成。包括前举腿弹簧步、向侧弹簧步和弹簧步跳等。

双脚提踵立开始,向前柔软步,落地时屈膝,移重心,接着膝、踝依次伸直起踵,两腿交替。

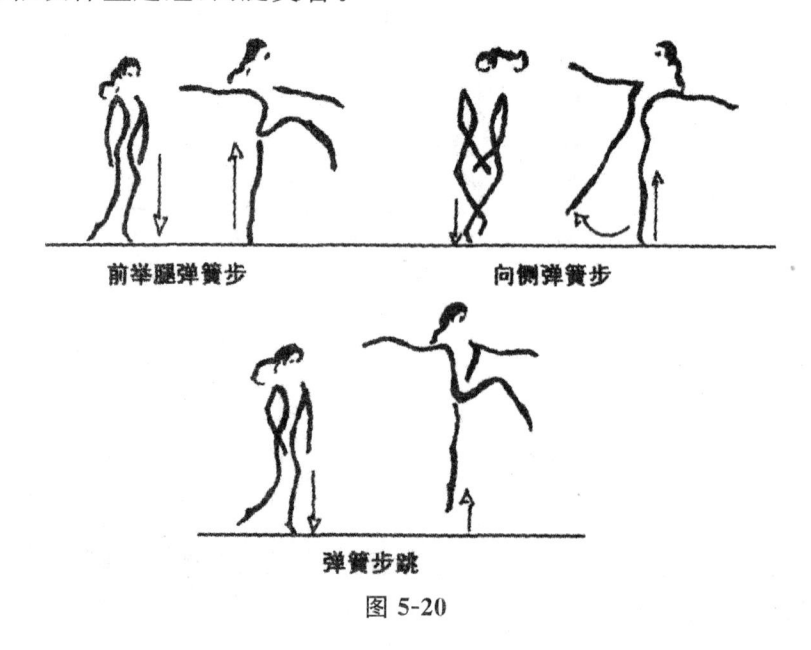

前举腿弹簧步　　　　向侧弹簧步

弹簧步跳

图 5-20

第五章　艺术体操基础动作训练

动作要点：摆动腿向前落地时由脚尖过渡到全脚，主力腿蹬直提踵立。同时要求动作要柔和、自然、协调。

(二)基本舞步

1. 变换步

如图5-21所示，以普通变换步为例，站立，两臂经前至侧举。右脚向前做柔软步，重心前移。左脚并右脚，臂一位。右脚向前做柔软步。左脚后点地，臂六位。

动作要点：二拍或四拍完成"柔软步—并步—柔软步—姿态停顿"。做时立腰收腹，两腿外开。要求动作连贯、伸展、协调。

图 5-21

2. 波尔卡步

一般来说，波尔卡是徒手艺术体操中常用的一种舞步，它具有轻松、欢快的特点。包括直膝波尔卡和屈膝波尔卡，可做向前、侧、后及转体动作。

如图5-22所示，由站立开始，节拍前左脚原地轻跳一次。右脚向前滑出做一次并步跳；右脚再原地轻跳一次，两腿交替进行。

图 5-22

动作要点:2拍完成,节拍前小跳,单脚落地,另一腿向前滑出做并步跳。要求节奏轻快、活泼、准确。

3.华尔兹步

华尔兹也是徒手艺术体操中常用的一种舞步,具有轻盈、优美、流畅的特色,动作形式变化多样,可向前、向后、向侧、转体及跑动进行。该动作以3拍完成,做时采用3/4拍的华尔兹舞曲。

(1)向前华尔兹

以左脚为例,两脚并拢提踵,两臂侧举。左脚向前做一次柔软步,落地稍屈膝,重心随之前移,右脚开始向前做两次足尖步。在三步过程中,配合左臂做一次波浪。换左脚做,动作相反。

动作要点:注意三步的步幅要均等,动作起伏应自然,收腹立腰,重心随出步而移动。同时动作应协调、连贯、柔和,步幅均等。

(2)退华尔兹

动作同向前华尔兹步,唯向后退做。第一步可稍大些,身体随之稍转动,同时两臂配合前后平摆。

(3)华尔兹步

以左脚为例,自然站立,两臂右侧举。左脚向侧做柔软步,落地时稍屈膝,重心随之移至左腿。右脚前掌踏在左脚跟后,右腿伸直立踵,接着左脚与右脚并立提踵。在3拍动作过程中,两臂经前摆至左侧举。

(4)转体华尔兹步

以左脚为例,两脚并立提踵,两手叉腰。左脚向前柔软步,稍屈膝,右脚向前足尖步,同时向左转体90°,左脚做足尖步与右脚并立成提踵立,同时继续向左转体90°。右腿开始,则动作相同,方向相反。

动作要点:在2~3拍做足尖步的同时进行转体180°。收腹立腰,身体正直。要求转体须准确、连贯,起伏自然、柔和。

第五章 艺术体操基础动作训练

三、波浪动作

艺术体操的典型动作是波浪形动作。其特点是运动的身体各关节间的屈伸，按顺序、呈依次连贯地推移运动。通过练习此动作可增强上肢和躯干各关节的柔韧性、协调性，特别是培养臂部和脊柱各关节协调用力的能力，使动作具有特殊的柔软性、圆润性和活泼性。它大大增加了动作的艺术表现力，也使人的体态自然美得到充分体现。波浪动作主要包括手臂波浪和身体波浪，可向前、后、侧进行，动作可大也可小。

波浪动作是艺术体操教学中的重点和难点动作之一，除了必须十分重视外，在教学中还要科学安排，循序渐进。例如，手臂波浪必须在学生学会了各种弧形举臂动作后再进行练习；身体波浪练习，必须在学生具备了一定的协调能力、控制身体平衡的能力及学会了移重心的基础上进行。

（一）手臂波浪

手臂波浪是臂部各关节按顺序依次、柔和的屈伸动作。

如图 5-23 所示，自然站立，两臂侧举，以肩带动肘，腕稍屈，手指放松下垂，接着肩稍下压，肘、腕、指各关节伸直至侧举。

手臂波浪动作的幅度可大可小，并可在前举、上举及斜举不同部位做，也可两臂同时或两臂依次进行。

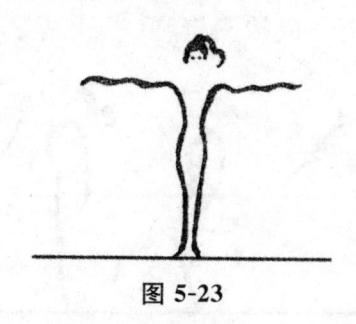

图 5-23

动作要点：弯曲时，肩关节稍内旋，肘稍向后上翻，伸展时不要向下推,要向侧远处伸长。动作应圆滑、连贯、伸展。

(二)身体波浪

身体波浪是指身体某部位由靠近支点的一端开始,相邻的各关节依次弯曲,随之依次伸展的连贯动作。在依次屈伸动作中形成"S"形曲线,浪峰向远端推移。

身体波浪一般有躯干波浪和全身波浪两种动作。全身波浪有向前、向后、向侧波浪等。

1. 躯干波浪

自然站立,两手背于体后,由腰骶部开始经胸、颈各脊柱关节依次向前挺伸,上体可逐渐前屈至90°角,使背部成凹形;接着由腰开始经胸至颈依次弯曲各关节,注意含胸低头,使背部成凸形,同时上体逐渐抬起。

动作要点:躯干各关节的屈伸要连贯不断地依次推移过渡,动作应圆滑、连贯、幅度充分。此动作也可跪坐进行。

2. 全身波浪

指膝、髋、腰、胸、颈的依次屈伸的动作。

(1)身体向前波浪

如图5-24所示,两脚并立半蹲,上体前屈,含胸低头,两臂上举。由踝开始经膝、髋、腰、胸、颈各关节依次向前上方伸展,同时两臂经下向后绕至上举成抬头挺胸、提踵站立姿势。

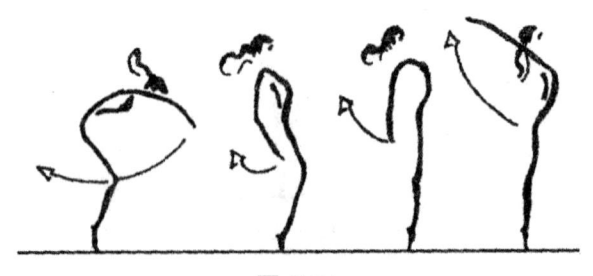

图 5-24

第五章　艺术体操基础动作训练

(2) 身体向后波浪

如图 5-25 所示,挺身提踵站立,两臂上举。从膝开始经髋、腰、胸、颈各关节依次向前弯曲,低头含胸使背部成弓形,同时两臂经后下绕至前举。

图 5-25

动作要点:在进行前后波浪时必须是参加运动的身体各关节按顺序依次地进行弯曲和伸展,使波峰由下而上推移。同时注意动作的幅度应充分、连贯、柔和、圆滑,重心平稳。

(3) 身体侧波浪

如图 5-26 所示,以向左侧波浪为例,右脚站立,左脚侧点地,两臂右上举,身体稍向左侧屈。右腿稍屈,经两腿半蹲,向左侧移重心的同时做膝、髋、腰、胸、颈各关节的依次向左侧上方挺伸,成左腿站立,右脚侧点地,上体稍右侧屈,同时两臂随着重心移动经下摆至左上举。向右侧波浪动作同向左侧波浪动作,只是方向相反。

图 5-26

动作要点:在身体侧移重心的同时,完成膝、髋、腰、胸各关节按顺序依次向侧上方伸展的动作。动作幅度充分、圆滑、连贯、协调。

四、跳跃动作

通常情况下,艺术体操徒手动作的跳跃动作要求起跳前必须有短促有力的半蹲,以便产生一个良好的推动力。起跳时用力蹬离地面,在空中最高点的姿态有一个停留,幅度要大,姿态要美,落地时同样是先用前脚掌过渡到全脚掌,再屈膝半蹲,并要有一个缓冲。

艺术体操徒手动作的跳跃动作形式多样,且完美活泼充满生气。快速灵巧地小跳,能够有效地训练跳的基本技术。大幅度的跳跃转体、跳跃结环构成了跳跃的难度动作。一般来说,主要有以下形式的跳跃动作。

(一)踏跳

如图 5-27 所示,一腿上步跳起,另一腿保持一定的舞姿。

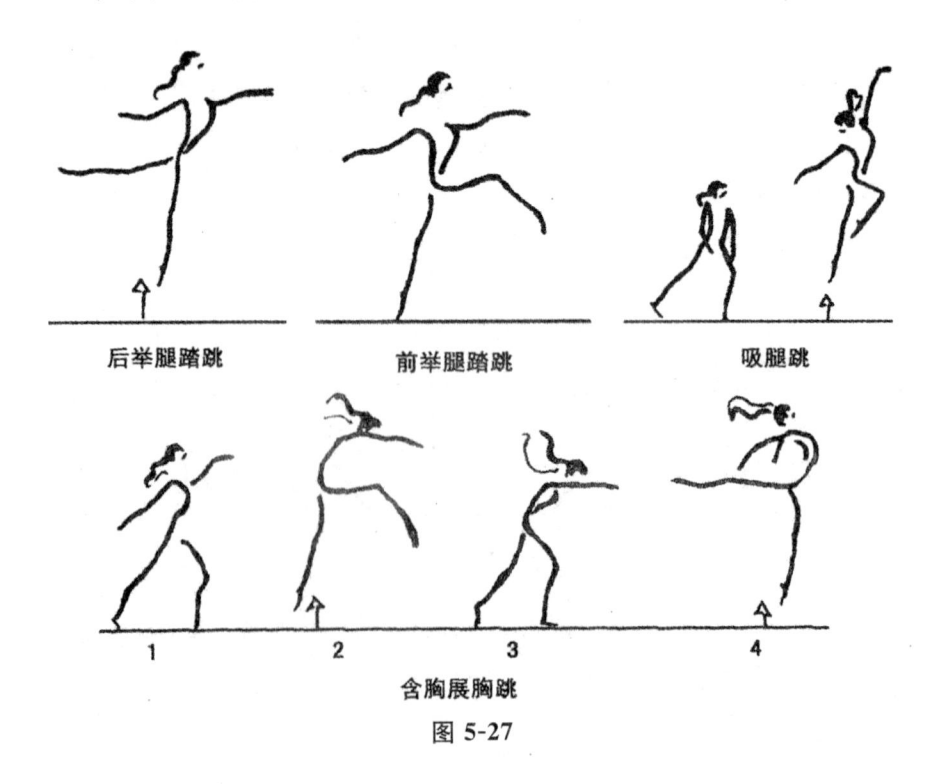

后举腿踏跳　　前举腿踏跳　　吸腿跳

含胸展胸跳

图 5-27

第五章　艺术体操基础动作训练

(二)侧跨跳

具体如图 5-28 所示。

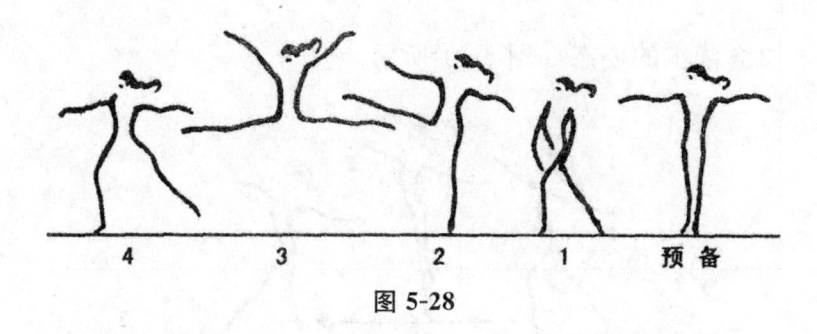

4　　3　　2　　1　　预备
图 5-28

(三)向前鹿跳

具体如图 5-29 所示。

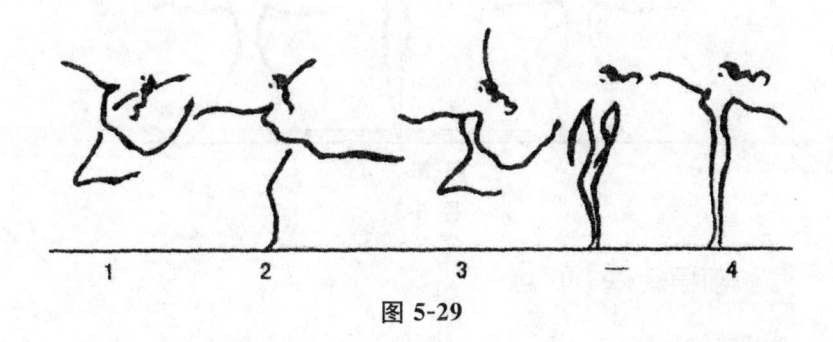

1　　2　　3　　—　　4
图 5-29

(四)向前大跨跳

具体如图 5-30 所示。

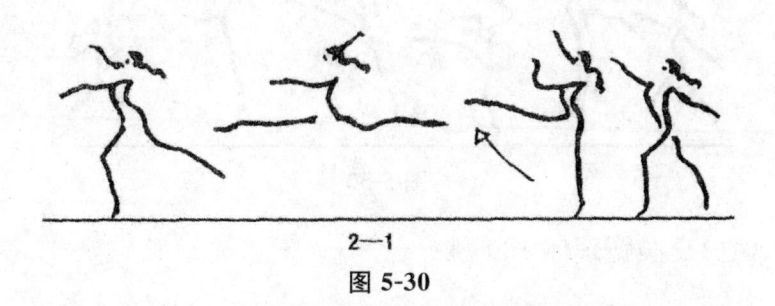

2—1
图 5-30

(五)加洛普步(并步跳)

加洛普步也称"并步跳",是很多跳步前的一个连接动作,运用很广。

加洛普步的姿态如图 5-31 所示。

向 前

向 侧

图 5-31

(六)前摆转体 180°跳

如图 5-32 所示。

图 5-32

(七)交换腿转体 180°跳

如图 5-33 所示。

图 5-33

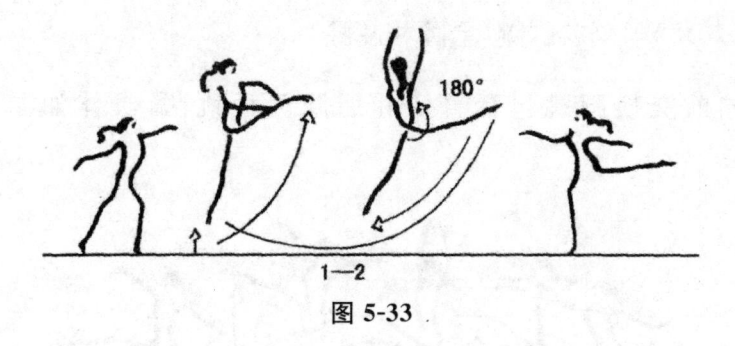

(八)原地带身体动作的跳

包括挺身跳、团身跳、屈体跳、半劈腿跳、大跨跳、侧跨跳、后屈膝挺身跳等,具体如图 5-34 所示。

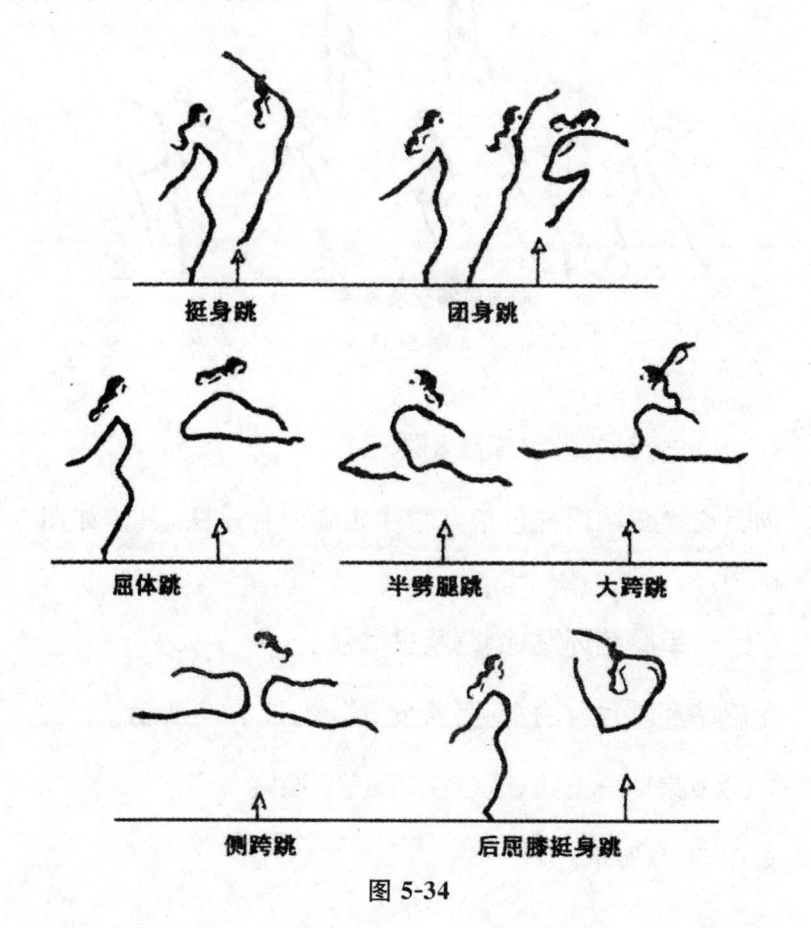

图 5-34

（九）向前交换腿跳（直膝和屈膝）

向前交换腿跳包括直膝和屈膝两种跳法，具体如图 5-35 所示。

向前直腿交换腿跳

向前屈膝交换腿跳

图 5-35

（十）向后交换腿跳（直膝和屈膝）

向后交换腿跳同样包括直膝和屈膝两种跳法，具体如图 5-36 所示。

（十一）单腿结环跳（倒踢紫金冠）

单腿结环跳也称为"倒踢紫金冠"，如图 5-37 所示。

（十二）原地一位跳、二位跳、五位交换跳

如图 5-38 所示。

第五章 艺术体操基础动作训练

向后直腿交换腿跳

向后屈膝交换腿跳

图 5-36

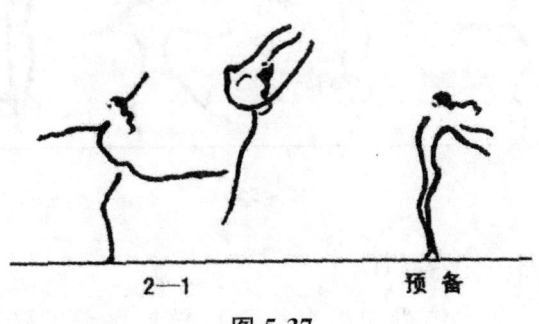

2—1　　　　　预备

图 5-37

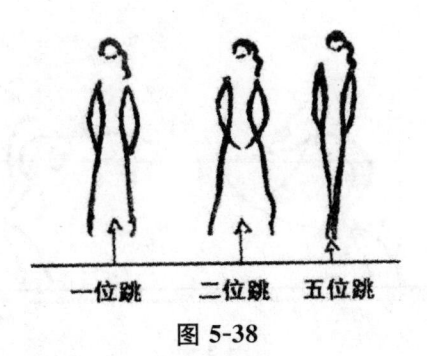

一位跳　二位跳　五位跳

图 5-38

五、转体动作

艺术体操徒手动作的转体动作是训练前庭器官的良好手段,通过转体练习能增强肌肉的控制能力和动作的稳定性。转体动作的技术性较强,难度较高,尤其是单脚转体360°以上,它是成套练习中的基本难度,能使成套练习更加轻盈、飘洒、活跃。

（一）原地转

1. 双脚转

（1）双脚并立转（图5-39）

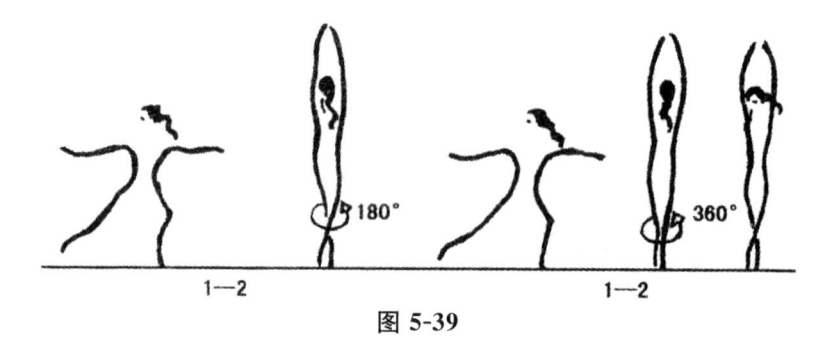

图 5-39

（2）螺旋转（图5-40）

螺旋转是艺术体操中很有特色且异常优美的转体动作,它是身体波浪、腰绕环及脚转体的有机结合。

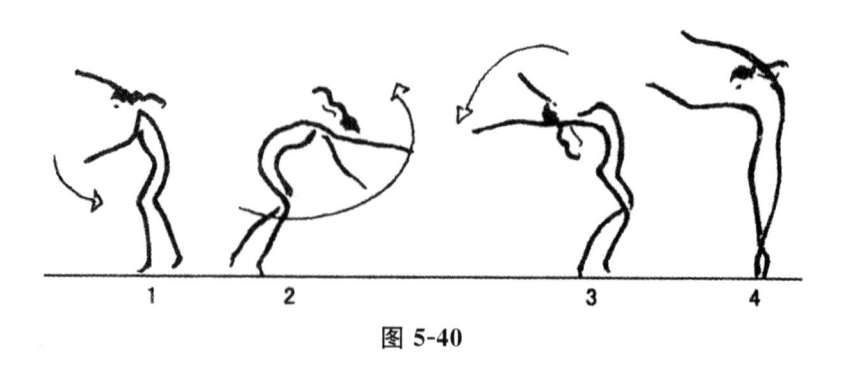

图 5-40

第五章　艺术体操基础动作训练

(3)翻身转(图 5-41)

翻身转是我国古典舞中很有表现力的动作。转时以腰为轴，其典型动作是踏步翻身。

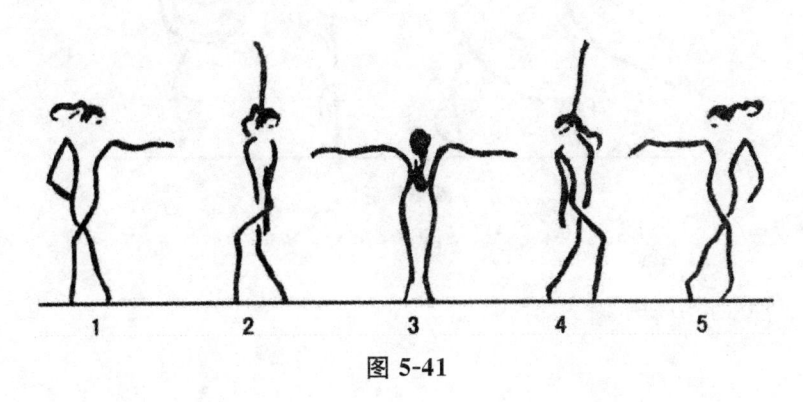

图 5-41

2. 单脚转

(1)前摆转体 180°、后摆转体 180°(图 5-42)

前摆转体 180°　　　后摆转体 180°

图 5-42

(2)前、后举腿转体(图 5-43)

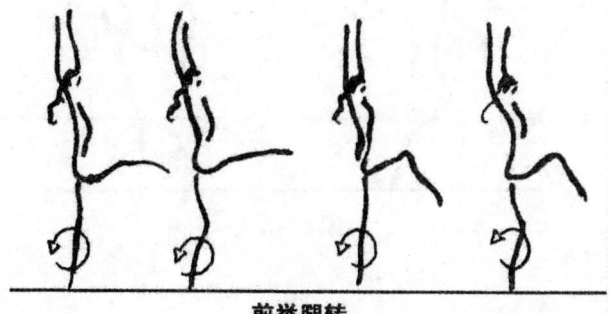

前举腿转

后举腿转

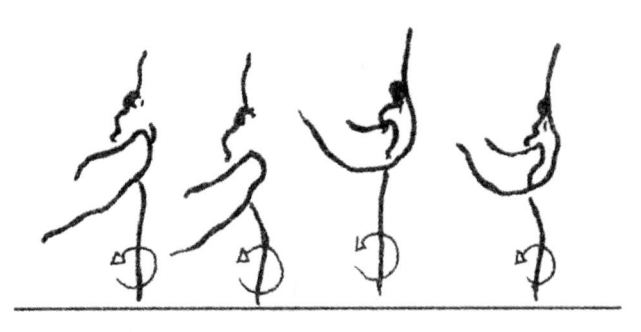

图 5-43

(3) 吸腿转(图 5-44)

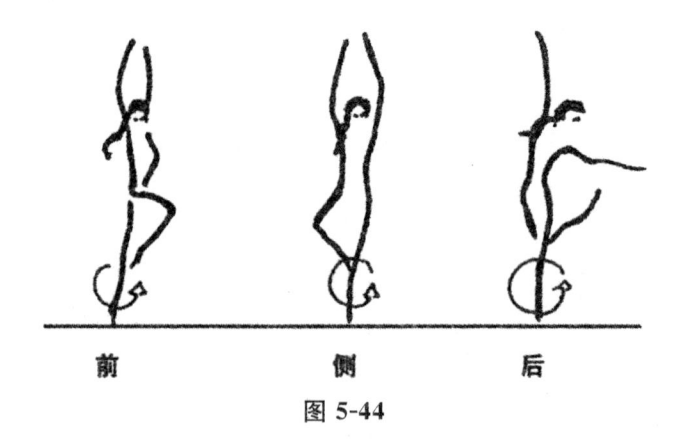

前　　　　侧　　　　后

图 5-44

(4) 四位转(图 5-45)

图 5-45

第五章　艺术体操基础动作训练

3.跪转(图 5-46)

双膝跪转

单膝跪转

图 5-46

4.背转(图 5-47)

图 5-47

5.臀转(图 5-48)

图 5-48

(二)移位转

1. 平转(图 5-49)

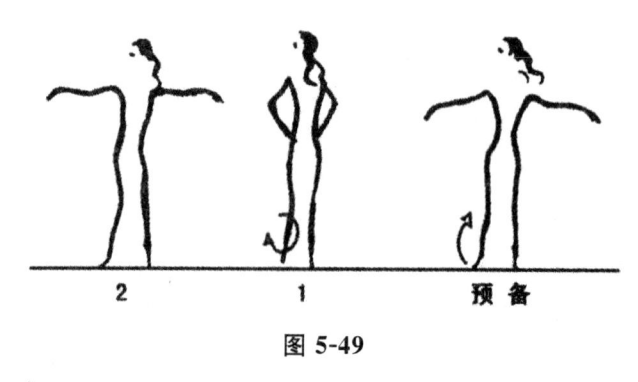

图 5-49

2. 上步吸腿转(图 5-50)

图 5-50

(三)空转

很多跳步都可加空中转体,如五位跳空转、屈膝交换跳空转、旁举腿跳空转、屈膝跳空转、吸腿跳空转、大跨跳空转、剪式变身跳空转。

需要指出的是,空转动作有着较高的难度,一定要有跳步和转体的扎实基础,良好的腿部弹跳能力是空转的物质基础。随着现代艺术体操的发展,空转已成为提高徒手动作难度的新途径。

空转动作如图 5-51 所示。

第五章 艺术体操基础动作训练

五位跳空转　　屈膝交换跳空转　　旁举腿跳空转

屈膝跳空转　　吸腿跳空转　　大跨跳空转

剪式变身跳空转

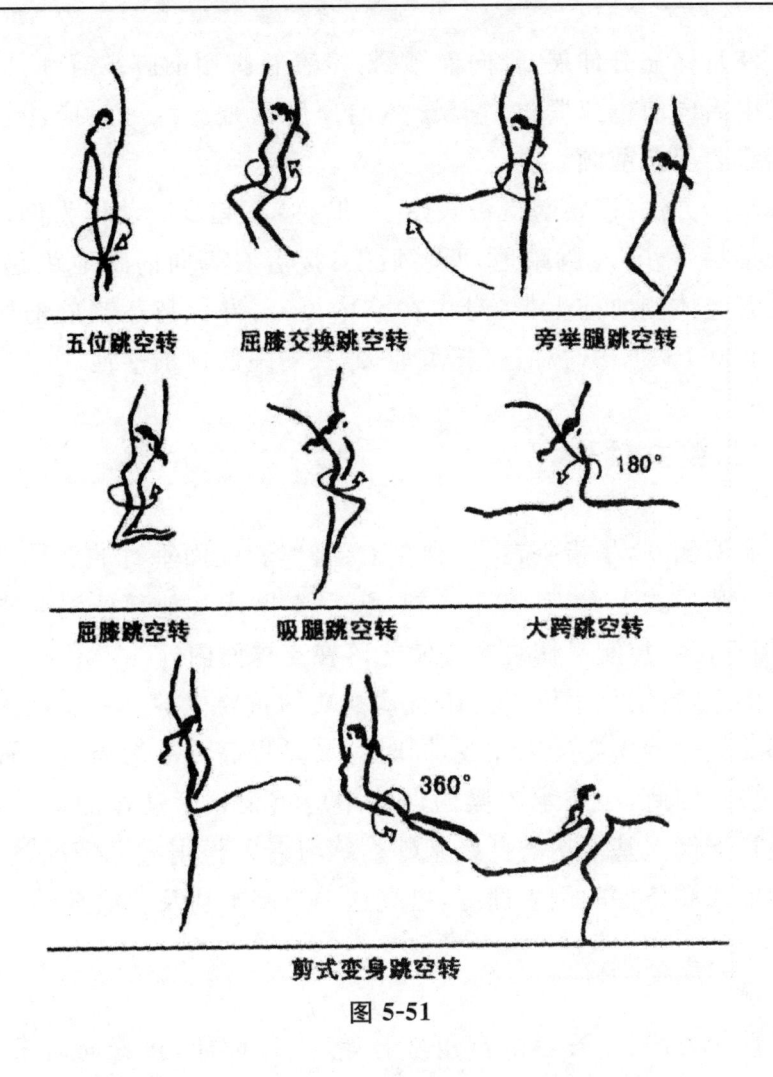

图 5-51

第三节　形体动作训练

一、趋步动作

在艺术体操的技巧动作中，很多难度动作都要通过趋步取得初效来完成。趋步可以一步做，也可用助跑接做。其基本的动作技术是：右脚向前一步跳起，左脚留在体后，两臂向前带至前上举。使身体充分伸展,稍向前倾斜,接着右脚用前脚掌着地,同时左脚由后向前迅速摆过右脚于体前屈膝落地。练习时应注意身体始终要保持前倾。

动作方法:以跳起挺身式趋步(简称"高趋步")动作为例。助跑到最后一步,左脚踏地,两臂后摆,接着右脚向前踏地跳起,同时两臂经体侧向前上摆,身体在空中挺开,并保持适当的前倾角度(约30°)。下落时,右脚先落地,紧接着左脚向前落地。

二、倒立动作

所谓倒立,是指头在下、脚在上、身体和地面垂直的一种支撑动作。从形式上看,其有手支撑、头手支撑或其他部位混合支撑等,但都需要控制身体总重心使之落在支撑面内。

倒立,特别是手倒立是体操基本功的重要内容之一。很多动作都要经过倒立姿势来完成,同时它又是提高专项素质的一种有效手段。因此,在艺术体操的训练中应重视这一动作的训练,扎实地打下倒立基本功的良好基础。练习者须根据实际情况,进行各种形式和条件的倒立训练,提高这一类基本功及专项素质。

(一)肩臂倒立

动作方法:练习者由直角坐开始,上体前屈,接着向后滚动,收腹举腿翻臂,当脚尖至头上方时,两臂在体侧用力下压,向上伸髋、伸腿。至倒立部位时,髋关节充分挺开,臀部收紧,屈肘,两手撑于腰背的两则(两肘内夹),成肘、头和肩支撑的倒立姿势。保护与帮助者站在练习者的侧面,两手握其小腿踝部向上提拉。如倒立姿势不正确,身体不能充分伸展,可用膝盖顶其背部,使其充分伸直。

(二)手倒立

动作方法:直立,两臂前上举,接着上体前屈,两手向前撑地

第五章 艺术体操基础动作训练

(同肩宽),稍含胸,一脚蹬地,另一腿后摆。当摆动腿摆至垂直上方时,蹬地腿向摆动腿并拢,顶肩立腰,脚尖向上顶,全身绷紧成手倒立。手倒立的控制,如重心向前时,手指要用力顶住,同时稍抬头拉肩;如重心向后时,掌根用力,稍冲肩。保护与帮助者站在练习者侧前方,两手握住练习者的腿上提,并可用单膝顶住其肩部,防止前倾冲肩。当练习者重心过于向前时,应立即展臂低头团身做前滚翻,也可放开一手转体下。做此动作时,注意夹肘、顶肩、立腰、脚尖向上伸,使身体重心落在支撑面的中心。

(三)头手倒立

动作方法:练习者由蹲撑开始,两手和前额上部成等腰三角形,撑垫、颈部紧张,一脚稍蹬地,另一腿后上摆,接近倒立时,并腿上伸,伸髋立腰身体挺直成头手倒立。保护者站在练习者前面,两手扶大腿用膝顶住腰部,助其成头手倒立,然后两手换扶小腿。练习者重心向前无法控制时,应迅速低头团身前滚。要注意的是,做头手倒立时,身体重心应尽量落在支撑面的中心,且头手倒立时身体伸直,稳定。

(四)直臂屈体分腿慢起手倒立

动作方法:练习者由站立开始,体前屈、含胸、顶肩,手撑地,然后提臀起踵,把重心移至手上,当两脚离地时,两腿向两侧分开,当臀部至垂直面时,向上翻臀,同时两腿经体侧向上并拢成手倒立。肩角须大于170°,两腿经侧向上并拢。

(五)鱼跃成手倒立(屈膝或屈体)

动作方法:练习者由站立开始,两臂上举或经后拎、前摆至上举跳起,含胸提背前倒,同时屈膝或屈体提臀,当臀部提至接近垂直面时,向上伸腿伸髋,两手撑地成手倒立。要注意的是,在跃起时身体重心高度要超过胸;充分屈腿或折体;在手挥地前完成伸腿、展髋。

(六)手倒立前滚翻直腿起

动作方法：练习者由手倒立开始，重心前移，当头部接近地面时，髋关节微屈，接着低头触地向前滚动，当背部着地时，上体迅速向前折体；两手在膝部两侧撑地，推起成屈体站立。

三、滚翻动作

滚翻是身体各部位依次接触地面，并经过头部翻转的动作。滚翻是一种比较简单的基础动作，也是一种自我保护的方法。通常，滚翻动作从身体的形态上有团身、屈体、挺身；翻转方向有向前、向后、向侧。

要注意的是，由于这类动作在技术上都是通过身体依次接触地面的滚动来完成的。因此，应抓住滚动这个特点，建立自身各种方向的滚动概念和技能。

(一)前滚翻

动作方法：练习者背对滚翻方向站立，上体前屈，蹲立，两手向前撑地，接着两脚蹬地，同时提臀、屈臂、低头，顺势循体前下摆至体后主动撑垫，当臀部触垫后，上体迅速后倒，两手掌心向上，手指向后置于肩上，同时，收腹举腿，翻臀屈体向后滚动，当背和手触垫时两手用力推撑，使上体抬起成屈体立撑。颈、肩、背、腰、臀依次触垫前滚。蹬地前滚时有蹬直腿的过程，滚翻圆滑。帮助者跪于练习者侧方，推背帮助起立。

(二)鱼跃前滚翻

动作方法：练习者半蹲且重心前移，两臂由后向前方摆起，同时两脚蹬地身体向前上方跃起，保持含胸稍屈髋的弧形姿势(约135°)向前翻转。两手撑地时两臂应有控制地弯曲缓冲，髋角应保持约135°，同时低头含胸前滚起立。

第五章　艺术体操基础动作训练

(三)前滚翻直腿起

动作方法:开始做前滚翻,背着地后,上体迅速向前折体,接着两手在膝部两侧用力撑地,推起站立。要求滚动要圆滑。

(四)鱼跃前滚翻直腿起

动作方法:助跑或原地向前上方跳起,髋角应保持135°左右以便向前翻转。两手撑地时应有控制地屈臂低头含胸前滚。当滚至腰背部位时,上体猛向前压,缩小转动半径,同时两手在大腿外侧用力向后推地成屈体站立。帮助者跪于练习者侧方,当练习者臀部离地后,推其臀部,或帮助者站在练习者前侧拉练习者的上臂。

要注意的是,当臀部离地、脚跟着地时,身体应迅速前屈,同时两手要及时地在大腿两侧(靠近膝关节)用力向后撑地。

(五)手倒立前滚翻

动作方法:练习者由手倒立开始,以脚带动身体重心前移,当感觉失去平衡后,低头慢屈臂,含胸前滚,滚至背部时,顺势团身抱腿起立。

保护与帮助的人站在练习者的侧方,两手扶持小腿向上提拉,顺势将腿前移,防止过早屈体;当前滚翻时,保护与帮助者下蹲推背,帮助练习者重心前移成蹲立。

(六)后滚翻

动作方法:由蹲撑开始,身体稍向前移,向后团身滚动,两手放于肩上方,当头部着地时两手撑地推起成蹲撑。使身体重心迅速后移,含胸,低头,两手掌心向上放于肩上(手指尖向后),两脚蹬地团身以臀、腰、背、肩、颈向后依次滚动,当肩颈着垫时,团身翻臀,膝关节靠近胸部,同时两手用力推直撑起成蹲撑。

要求帮助者单腿跪于练习者侧后方,当练习者后滚至肩背着地时,帮助者两手扶其腰的两侧向上提拉帮助推手翻转成蹲撑,或蹲立于练习者侧面,一手托肩,一手托臀,助其推手和翻转。

(七)后滚翻直腿起

动作方法:由站立开始,上体前屈,重心后移,两手后伸在腿外侧撑地。接着直腿臀部后坐,上体后倒,举腿翻臀,以便获得向后翻转的水平速度,屈体后滚时两手置于肩上,当滚到肩部时,两手在肩上夹肘用力推垫,翻转经屈体立撑成站立姿势。保护与帮助者应站在练习者侧后方,两手提髋助其翻转。要注意的是,滚翻的后半部要尽量收腹屈体,使身体翻转。

(八)经单肩挺身后滚翻

动作方法:开始同直腿后滚翻动作相同,在向后滚动时,一手放在肩上,一臂侧举。当头部着地时,在肩上的手推撑,头向推撑手侧倒,另一侧以肩、臂撑地,同时向上伸髋,抬头、挺胸、挺腹、绷脚面,接着向后滚动成俯卧撑。须滚动圆滑,方向正直。

(九)经单肩后滚翻成单膝跪撑平衡

动作方法:练习者由直角坐开始,后倒经肩肘倒立,左手在肩上撑垫,右肩侧伸(掌心向上),头左屈,后滚至肩时,右腿向后主动用脚背触垫,左腿向后上方伸出并制动。同时左手撑垫并转头,经左肩向后转,接着右膝跪垫,两手向前撑垫,上体抬起成单膝跪撑平衡。保护与帮助者应站于练习者的左侧后方,一手托其高举的左腿向后送,一手托其肩,助其偏头翻转。

(十)单肩挺身后滚翻

动作方法:练习者由直角坐撑开始,上体前屈,接着向后滚动,当头后部着垫时,头向右侧屈,左手推撑垫,右臂伸直,用臂和肩撑垫。同时向上伸腿展髋并制动腿、抬头、挺胸,经胸、腹、腿依次着垫成并腿俯撑。保护与帮助者站在练习者用肩支撑的同侧后方,当练习者挺身时,保护与帮助者两手抓其小腿上提,助其挺身和控制,其身体慢慢落下。

要注意的是,当脚尖与头成垂直时,头左侧屈,同时向上伸腿展髋。

四、手翻动作

所谓手翻,是指经手或头、手支撑的一种翻转动作。从形式上看,它可以向前、向后和向侧来做。一般情况下,手翻多用于连接空翻类动作,组成高难度的连接成串的技巧动作,是直接关系到发展和提高动作难度的一个重要基本动作。

(一)侧手翻

动作方法:侧向站立,两臂侧平举,重心移至右脚,左腿侧举,头左转,左脚落地,上体向左侧倒,右脚向侧上方摆起,左手外展撑地,左脚用力蹬地摆起。然后右手撑起,经分腿倒立(这时应顶肩、立腰、展髋、分腿)继续翻转。左手推离地面,右腿下落,接着右手推离地面,左脚落地成分腿站立。保护者站在练习者后方,左手在上两臂交叉扶腰拨其翻转,或左手抱腰,右手托其左肩帮助完成动作。做此动作时,注意手脚应依次撑地经分腿侧倒立后两手依次推离地面,两脚依次着地。动作伸展,身体沿垂直面,经分腿手倒立,手脚落地成一直线。

(二)侧手翻向内转体 90°

动作方法:趋步,左脚踏地,上体前倒侧转,左手外旋,左脚前撑地,右脚后摆。以左臂为轴向左转体(肩要顶开),接近手倒立时,右手在左手后侧猛力撑地。两腿并拢与推手的同时,收腹,掼腿,抬上体,两臂上摆。脚落地时,由前脚掌过渡到全脚掌。保护者站在练习者左侧方,扶练习者的腰,帮助其转体与推手提腰掼腿,当练习者完成动作后,要用手挡住其背部,防止后倒。

要注意的是,以左臂为轴的向左转体、推手、并腿、收腹、掼腿,速度要快,方向正。脚落地时重心在支点后,上体抬起。

(三)头手翻

动作方法:练习者以两臂上举站立开始,上体快速前屈(稍屈膝),两手向前撑地,两腿稍屈蹬地后伸直,两臂弯曲,用头的前额上方在两手之间稍偏前的位置顶地(头和手成等边三角形)。提臀,立腰,经短暂的屈体头手倒立过程,当身体重心超过支撑垂直面上方时,两腿猛力向前上方伸展髋关节,同时两手用力推离地面,挺胸抬头,使身体向前上方腾起,尽量保持体后屈。落地时,前脚掌先落地,然后过渡到全脚掌落地,两臂上举。保护与帮助者单膝跪立在练习者前侧面,一手反握扶其肩,一手托其腰以向前上的力量助其推手翻转成站立。

要注意的是,做此动作时,蹬地、屈体快移、摆腿、推手、伸髋压腿都要保持身体后屈落地,展髋充分,有明显的腾空。

(四)前手翻

动作方法:趋步,两臂上举,左脚向前踏地,上体前压,右脚后摆,两臂向前撑地,接着左腿蹬地后摆,向摆动腿并拢,接近倒立时,快速顶肩推手,制动腿,使身体向前上方腾起。腾空时要挺身、抬头、紧腰,两腿并拢,前脚掌先着地,两臂上举。保护与帮助者站立于练习者手撑地的前侧方,一手握其上臂或托肩,另一手托其腰或两手托腰帮助其推手翻转成站立。初学时,可以两人站在练习者两侧同时保护和帮助。注意要蹬摆腿,顶肩推手制动腿协调配合。

(五)前手翻单脚落

动作方法:基本同前手翻,不同的是,推手腾空后,蹬地腿伸直与摆动腿前后分开直至站立。

第五章 艺术体操基础动作训练

(六)前软翻

动作方法：两脚前后站立，两手向前撑地，左脚蹬地，右腿后摆，经前后分腿的手倒立前翻，前翻时速度要慢，经倒立后，肩后撤，尽量挺开胸腹，右脚靠近手处落地。起立时，要推手、顶髋、立腰、左脚前举，结束时成前后站立。保护与帮助者跪在练习者侧方，一手握其上臂，一手托其腰部助其翻转。

要注意的是，倒立时要有明显的肩后撤挺胸腹的动作，脚落地时要尽量靠近支撑点。重心高，落地近，速度匀。

(七)后手翻

动作方法：两臂前举站立开始，稍屈膝屈髋后坐，两臂自然后摆，重心后移。当身体向后失去平衡时，两臂迅速经前、上平行向后甩。蹬地，抬头（眼看手）展胸展腹，身体充分后屈。经低腾空，向后翻转接两手撑地，利用反方手倒立的反弹力顶肩推手，收腹提腰，脚落地成直立。保护与帮助者跪在练习者的侧后方，当练习者向后翻时，要一手托其腰，一手托其大腿后部助其翻转。注意重心后移失去平衡后的甩臂、蹬地、展胸、展腹，身体充分后屈。

(八)后软翻

动作方法：两脚前后站立，臂前举，向后下腰，顶髋、挺胸、抬头，右腿上摆，两手撑地（尽量靠近支撑脚）。左脚蹬离地面，经分腿手倒立后翻摆动腿落地推手站立。保护与帮助者跪于练习者后侧方，一手托其腰，一手托其蹬地腿助其翻转。

要注意的是，下腰时要顶髋、挺胸、抬头。翻转时向后拉肩重心后移。

(九)前空翻（后摆臂前空翻）

动作方法：助跑最后一步，做单脚跳时，两臂前摆。在双脚踏跳的同时，两臂经体侧向后上摆，提肘提肩，含胸梗头。脚离地后,迅速提臀团身,两手抱大腿后部,缩短转动半径,向前翻转。下落时,展开身体,使转动半径增大,前脚掌先落地。保护与帮助者站在练习者起跳点的左前方,当练习者跳起时,左手托其腹,翻转时,左手托其背助其翻转。

要注意的是,踏跳带臂要有力,腾空后的提臀团身速度要快和紧。腾空高于胸,团身紧,落地稳。

(十)团身后空翻

动作方法:站立,两臂上举开始,稍屈膝,两臂自然后摆,重心稍后移,蹬地跳起,两臂前上领,梗头。接着提膝、团身、翻臀、翻颈,两手抱大腿后部向后翻转。当眼睛看见前下方时,展开身体,用前脚掌落地缓冲站立。保护与帮助者站在练习者的侧后方,一手托其腰,一手托其臀助其翻转。翻过来后,一手换握练习者上臂,另一手仍在其腰背部,防止后倒。

要注意的是,腾空后应注意提膝、团身、翻臀等动作。

五、其他技巧动作

(一)跪跳起

动作方法:练习者由跪立开始,臀部后坐,上体稍前倾,屈髋,两臂后摆,接着两臂迅速向前上方摆至与头等高时制动,伸髋抬上体,提腰,同时脚背和小腿用力下压,身体向上腾起,迅速提膝,收腹成蹲撑。保护与帮助者站在练习者身后,顺势用两手托腋下帮助跳起。做此动作时,应注意摆臂制动和脚背小腿要用力下压。

(二)挺身跳

动作方法:由两臂斜后举的半蹲开始,两臂用力向前上方摆起(掌心向前),同时两脚用力蹬地跳起(两腿后伸,脚面绷直),使

第五章　艺术体操基础动作训练

身体充分伸展。当身体重心下落时,屈髋和腿微屈缓冲,用前脚撑地,接着过渡到全脚掌落地。保护与帮助者站于练习者的侧面,当蹬地跳起时扶其腹部,帮助向上跳起。做此动作时,应注意摆臂和蹬地跳起要协调一致,腾空时身体要充分伸展,稍有体后屈。

(三)侧平衡

动作方法:练习者由站立姿势开始,左腿站立,右腿侧举,上体向左侧倒,右臂上举,左臂屈臂于体前成侧平衡姿势。保护与帮助者立于练习者后面,一手托其侧举起的腿,一手扶其上臂腋窝部帮助其平衡。

要注意的是,举腿时应配合上体侧倒手臂上举的动作,保持身体平衡。侧平衡时脚要高于髋,身体重心稳。

(四)燕式平衡(俯平衡)

动作方法:练习者由站立开始,右脚向前一步,上体前倾,左腿后上举高于头,抬头挺胸,两臂侧举成燕式平衡,站立的腿要伸直。保护与帮助者站在练习者侧方,一手托其后腿,一手扶其上臂,帮助其维持平衡。

要注意的是,后上举腿应和上体前倾配合用力,以保持身体的平衡。

第六章　轻器械艺术体操技能训练

手持轻器械做各种动作是艺术体操的特色,这也是其与竞技体操、健身操等操类运动所不同的地方。当徒手练习达到一定水平后,就可以进行轻器械的训练了。轻器械训练的内容十分丰富,本章主要研究绳操、球操、带操的训练。

第一节　绳　操

跳绳是一项很有锻炼价值的体育项目。它对锻炼心血管系统,增强耐久力,发展弹跳力、节奏感具有特殊作用。绳轻便耐用,造价低廉,因而世界上艺术体操发达的俄罗斯、保加利亚等国均把绳操作为艺术体操中的重点项目。

绳一般用麻棉或合成纤维制成。双脚踩中间,拉至腋下的长度,以运动者的身高而定。一般采用拇指、食指握绳,要求松握绳头,便于绳头在手中转动,手腕放松。

一、摆绳

(一)要领与要求

双手持绳,两头或一头进行以肩为轴的摆动和大绕环,使绳成为手臂的延长来完成动作。摆绳时要求用力至绳的远端,绳本身不应出现波浪,而要挺直。

第六章 轻器械艺术体操技能训练

(二)基本动作

(1)双手或单手持绳,两端在正面向左、向右摆绳。动作如图 6-1 所示。

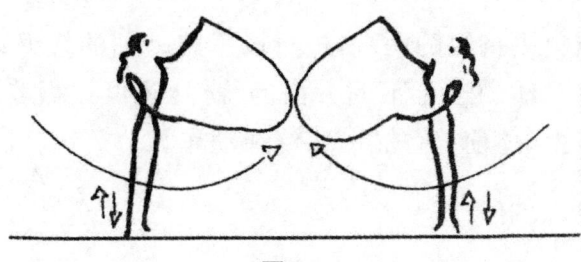

图 6-1

(2)双手或单手持绳,两端在侧面向前、向后摆绳。动作如图 6-2 所示。

图 6-2

(3)一手高一手低的水平面摆绳并进行转体动作,可结合华尔兹转体来做。动作如图 6-3 所示。

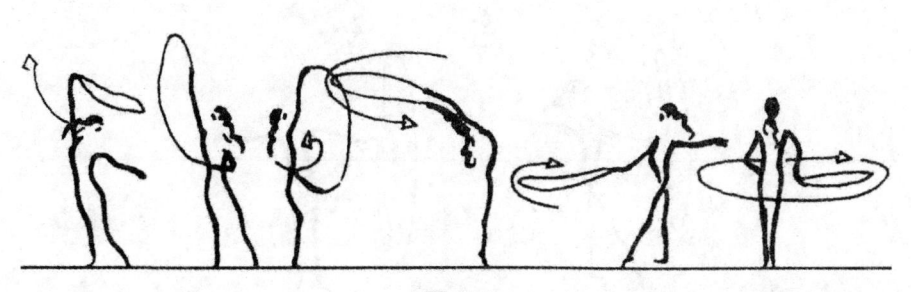

图 6-3

二、绕绳

(一)要领与要求

双手或单手持绳的两端,进行以手腕为轴的绕绳动作。可以在头上、体前、体侧进行不同方向的绕绳,还可以做身体两侧"8"字绕绳和头上、体前、后的"8"字绕绳动作。

(二)基本动作

(1)单手持绳的两端,在头上或脚下进行水平面绕绳动作。动作如图 6-4 所示。

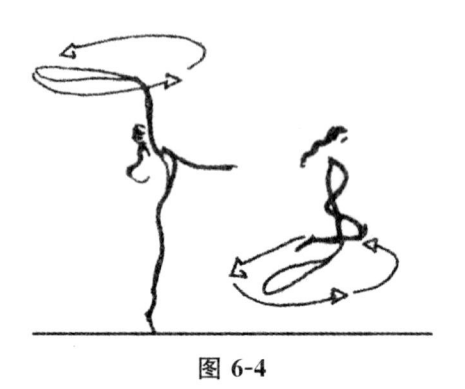

图 6-4

(2)单手持绳两头在体前或体侧做不同方向的绕绳动作。动作如图 6-5 所示。

图 6-5

第六章 轻器械艺术体操技能训练

（3）双手或单手持绳的两头，在身体两侧做向前或向后的"8"字绕绳动作。动作如图 6-6 所示。

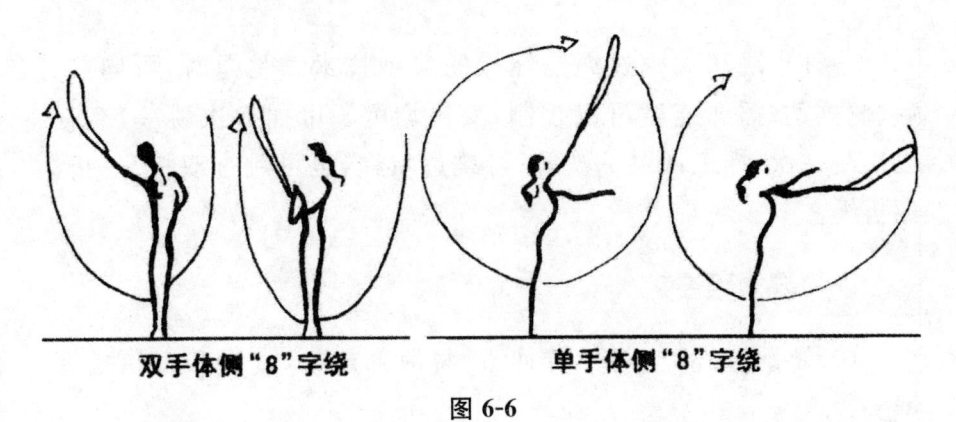

双手体侧"8"字绕　　　　单手体侧"8"字绕

图 6-6

（4）双手或单手持绳的两头，在头上做体前、后的"8"字绕绳动作。动作如图 6-7 所示。

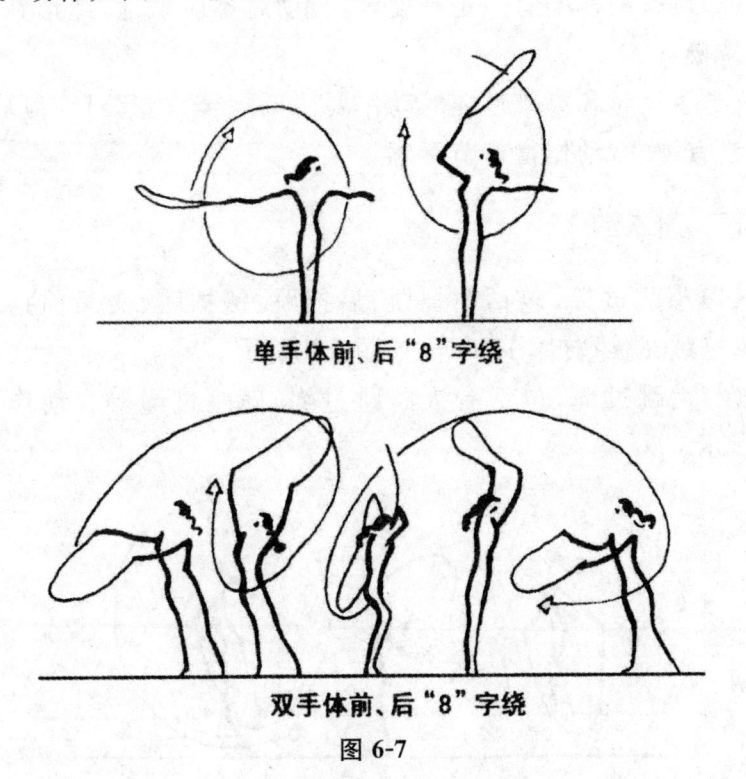

单手体前、后"8"字绕

双手体前、后"8"字绕

图 6-7

三、过绳跳

各种小跳和大跳过绳是绳操的典型技术。跳绳时,可向前、后、侧摇动;摇绳速度可以控制,快慢均可。可摇一次跳一次、摇二次跳一次、摇三次跳一次等;可跳过单绳,也可跳过双折、三折、四折绳。

(一)要领与要求

(1)跳跃过绳时,将手臂伸直,将肘部放松,食指和拇指松握绳头。

(2)做连续过绳小跳时,第一次摇绳以肩为轴,以后每次摇绳均以腕为轴。

(3)跳跃动作要有一定高度,绳转动时不应触地,绳形在空中要保持挺直。

(4)手摇绳和脚跳过绳的动作要协调配合,跳起时应绷脚,落地轻松有弹性,动作富有节奏感。

(二)基本动作

(1)小跳过绳,包括前摇跳、后摇跳、侧摇跳、交叉前摇后摇跳、双摇跳、跳绳转体 180°等,如图 6-8 所示。

(2)大跳过绳,包括有大跨跳过绳、鹿跳过绳等。动作如图 6-9 所示。

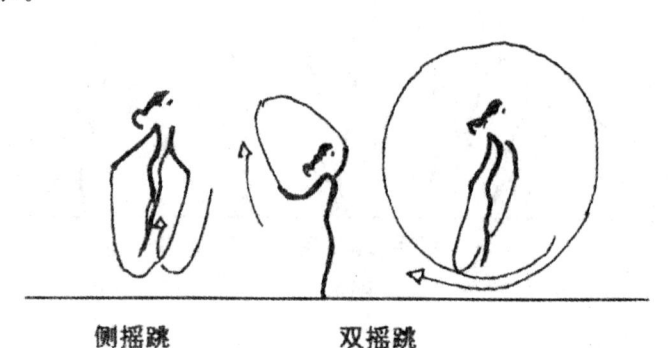

侧摇跳　　双摇跳

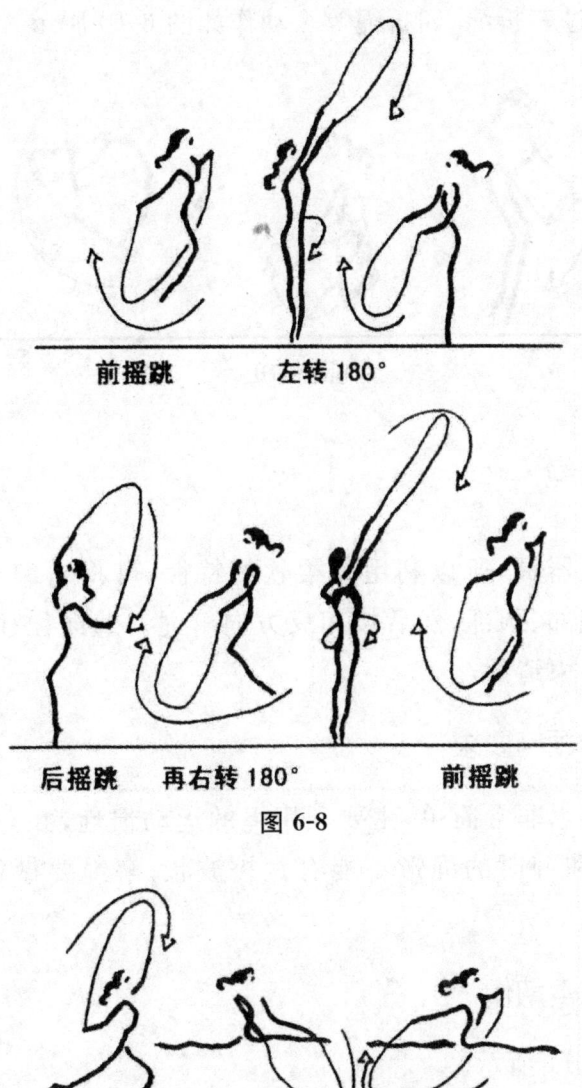

第六章 轻器械艺术体操技能训练

前摇跳　　左转180°

后摇跳　　再右转180°　　前摇跳

图 6-8

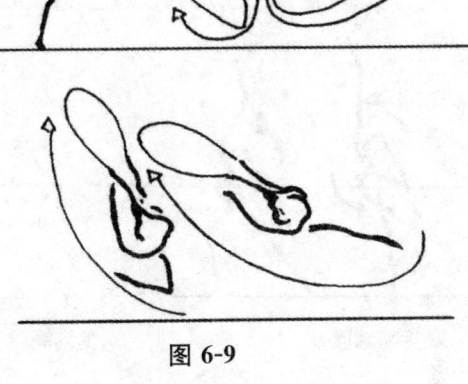

图 6-9

(3) 跳过三折绳、四折绳等。动作如图 6-10 所示。

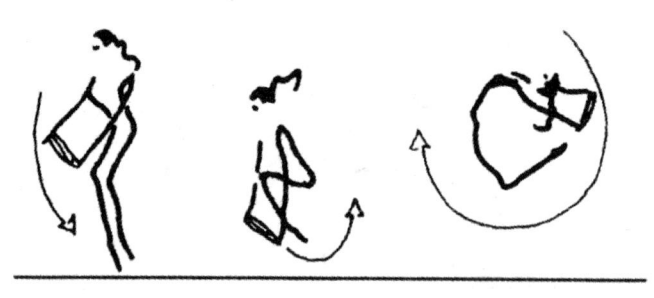

图 6-10

四、缠绳

绳是软器械，所以利用其柔软的特性，可将它缠于腰部、腿部、臂部、腕部、颈部，然后按相反方向解绳。缠绳往往被作为连接动作或结束造型。

(一) 要领与要求

缠绳技术非常简单，主要利用绳的运动惯性，并与身体协调配合；缠前和缠时的绳形不能有宽松波状；解绳要做得自然、洒脱、连贯。

(二) 基本动作

如图 6-11 所示。

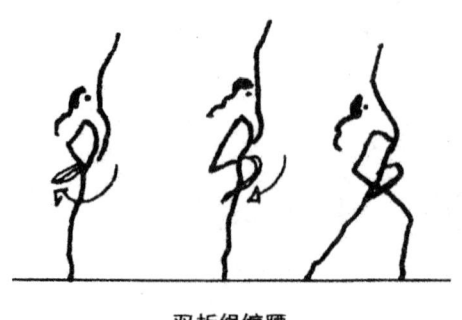

双折绳缠腰　　　　　　单绳缠腰（可加 360°转体做）

第六章 轻器械艺术体操技能训练

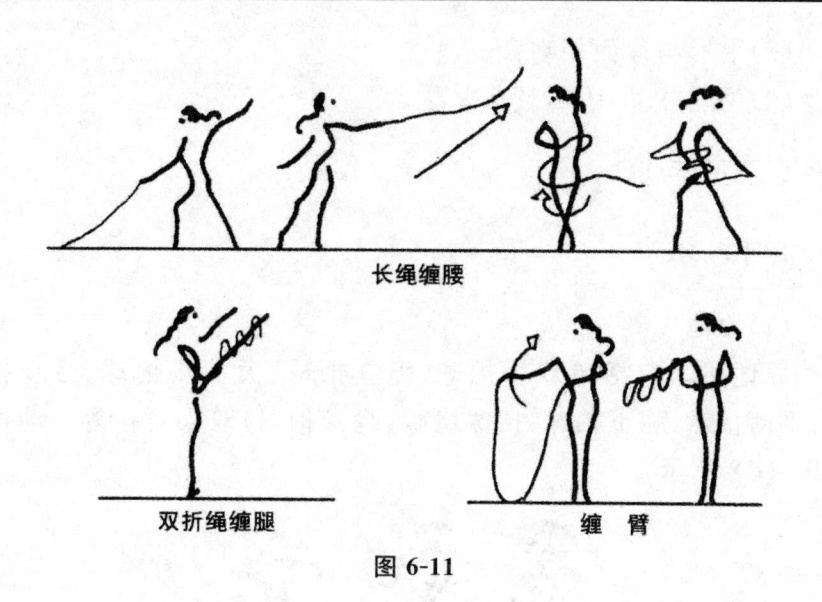

长绳缠腰

双折绳缠腿　　　缠臂

图 6-11

第二节 球 操

球操动作具有滚动、反弹等特性,所以动作幅度大、优美流畅而有节奏。它除了拍球、抛球、滚球等基本动作外,还可保持球在手上平衡做绕环、螺旋和"8"字动作。做球的各种动作时,运动员和球都应一直处于运动状态,持球动作和不持球动作紧密相连,与各种舞蹈步、身体波浪、跳步、转体及平衡等身体动作密切配合,使球操动作更加动感。通过球操,能发展人体的灵活性性、协调性和柔韧性,提高动作准确性和反应速度。

球操的持球方法是五指稍分开,手指微屈,用手掌自然托球,手形与球面吻合。不允许用手指抓球,反托球要求手臂伸直,向内转肩时不应小臂夹球。

一、拍球

(一)要领与要求

(1)手臂自然弯曲,手腕保持不动。

(2)手形与球面相吻合。

(3)手随球动,手尽量不离球。

(二)基本动作

1. 手拍球

(1)原地

原地拍球包括单双手拍球、跪立拍球、大掖步拍球、弓步拍球；平衡拍球、腿下拍球、拍球绕膝、绕身拍球、双人对拍等。动作如图 6-12 所示。

图 6-12

(2)移动中

移动中拍球包括跑跳步拍球、波尔卡拍球、加洛普步拍球、跨跳拍球。动作如图 6-13 所示。

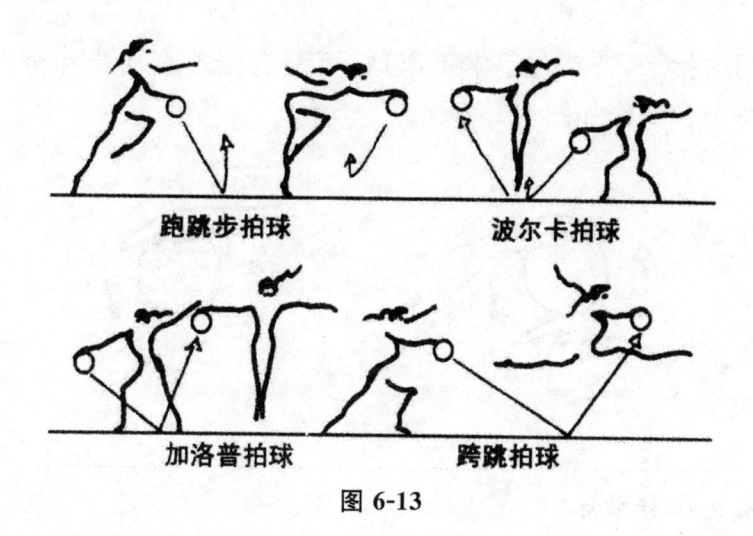

跑跳步拍球 **波尔卡拍球**

加洛普拍球 **跨跳拍球**

图 6-13

2.脚、膝、胸、肘拍球

如图 6-14 所示。

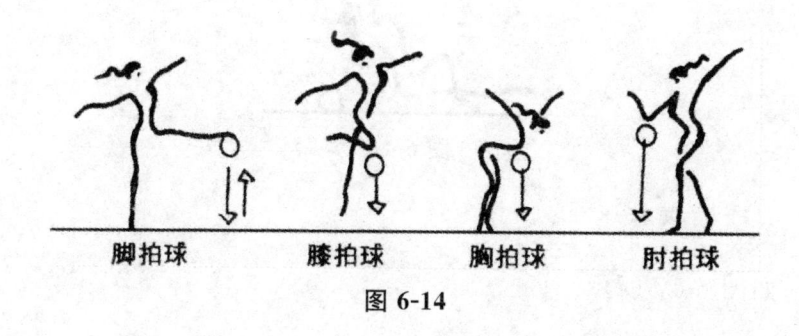

脚拍球 **膝拍球** **胸拍球** **肘拍球**

图 6-14

二、转动和翻转球

(一)做法与要求

转动过程中,球的轴心要固定,动作要连贯。翻转时速度要快,肩放松,先轻轻上摆,顺势翻转,然后再稍下沉缓冲。

(二)基本动作

1. 双手胸前转动球

两肘抬平,转动时手掌不离球,可配合原地滚动步和全身波浪来练习。动作如图 6-15 所示。

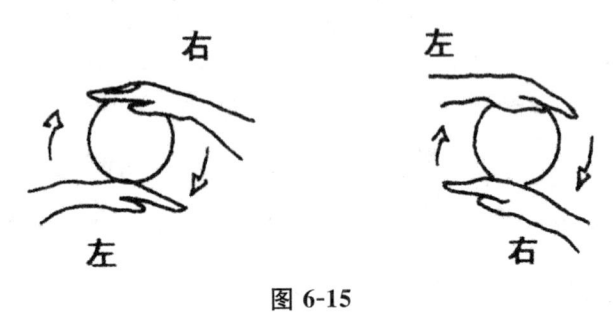

图 6-15

2. 地上转动球

如图 6-16 所示。

图 6-16

3. 手指拨转球

如图 6-17 所示。

图 6-17

4. 手指上转动球

如图 6-18 所示。

图 6-18

5. 翻转球

如图 6-19 所示。

图 6-19

三、摆动与绕球

球操中的摆动球与徒手动作中的摆动技术完全相同，它是绕球和抛接球的基础。持球摆动幅度更大，节奏更快。

(一)摆动球

要求是在摆动过程中，使球随着摆动在掌心滚动，不要五指抓球。动作如图 6-20 所示。

前后摆球　　　　　左右摆球

图 6-20

(二)绕球

绕球时,手心向上,球在手掌上保持平衡,但不能用五指抓球或屈腕用小臂夹球。

1. 单手向内螺形"8"字绕

如图 6-21 所示。

图 6-21

2. 单手向外螺形"8"字绕

如图 6-22 所示。

图 6-22

第六章 轻器械艺术体操技能训练

3.双手持球体前"8"字绕

如图 6-23 所示。

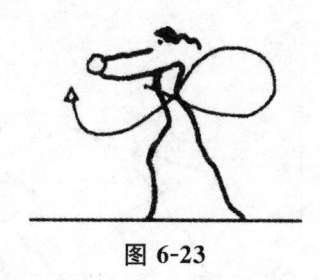

图 6-23

4.双手体前螺形"8"字绕

如图 6-24 所示。

图 6-24

四、滚球

滚球是球操中的典型技能。球操是否流畅、柔和、连贯、圆润，很大程度上要看滚动技术的好坏。

（一）要领与要求

（1）滚动时必须充分利用球的重心。
（2）球滚动的方向最好与滚动部位的运动方向相反。
（3）滚动球的部位必须保持适度紧张，并及时形成有利于滚动的面，使滚动圆滑而不存在任何跳动或中断。
（4）拨地滚球时，手臂或脚要随球远送。手铲球时，指尖最先触球，然后滚入掌心。

(二)基本动作

1. 地上滚

如图 6-25 所示。

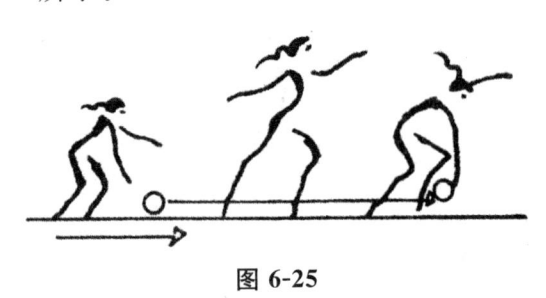

图 6-25

2. 身上滚球

如图 6-26 所示。

单臂拨滚　　　　　　　　胸臂滚球

体后屈同时胸臂滚

站立做胸背滚球　　　　　跪立做胸背滚球

第六章 轻器械艺术体操技能训练

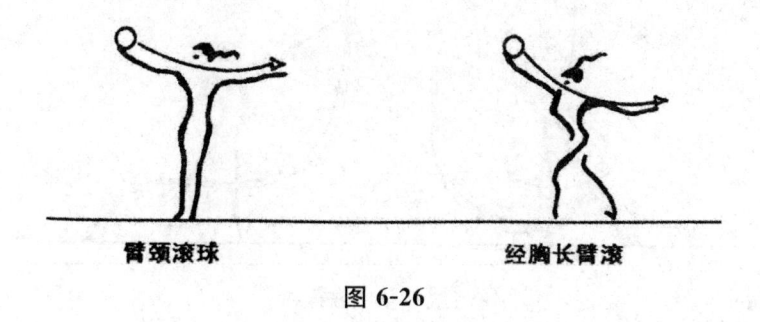

臂颈滚球　　　　　经胸长臂滚

图 6-26

第三节　带　操

在艺术体操中,带操用的带由棍和带两部分组成。棍可用木、塑料、玻璃纤维等材料制成。带用绸缎或类似材料制作,颜色可以是单一颜色的,也可是五彩斑斓、花花绿绿的。可用金属环或细软绳将棍和带连接起来,操作起来更加方便。

通常手持棍来操纵带。握棍的方法是将棍端抵于掌心,食指伸直贴于棍上,其余的四指握住棍端。练习时把棍握紧,手腕放松,使带灵活转动。有时因动作变化的需要也可一手持棍,另一手持带尾。

一、摆动

(一)要领与要求

单手持带棍,以肩为轴,向不同方向做钟摆式运动。

(二)基本动作

如图 6-27 所示。

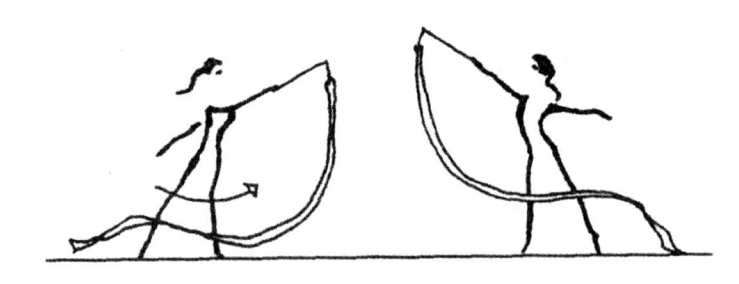

单手持带棍左右摆动

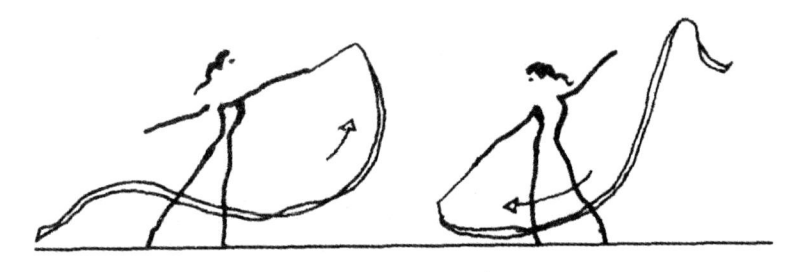

单手持带棍前后摆动

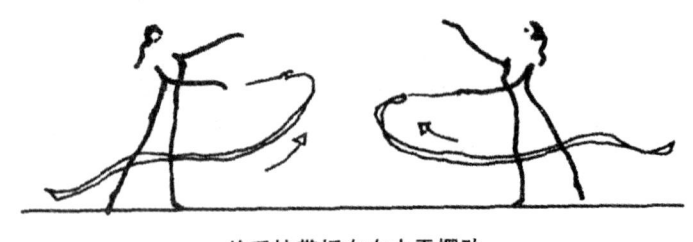

单手持带棍左右水平摆动

图 6-27

二、绕环

（一）要领与要求

绕环动作是以肩、肘、腕为轴，使带在不同的部位、不同的平面上和不同方向做圆周运动。以肩为轴的绕环称为大绕环，以肘为轴称为中绕环，以腕为轴称为小绕环。

（二）基本动作

如图 6-28 所示。

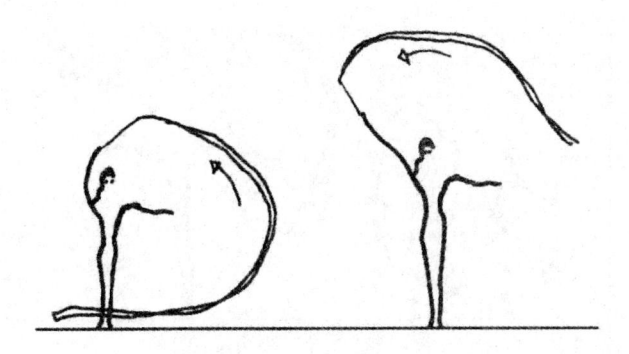

单手持带棍体前向内、外大绕环

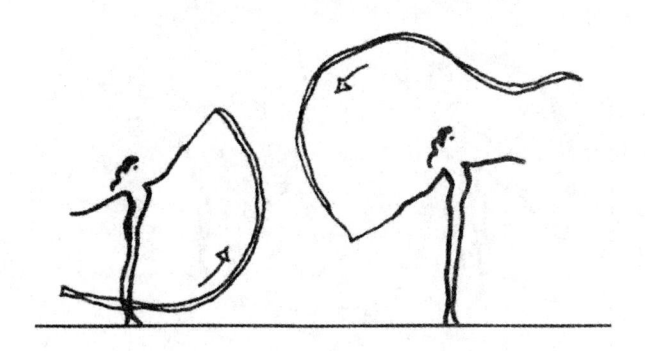

单手持带棍体侧向前、后大绕环

图 6-28

三、绕"8"字

（一）要领与要求

单手持带，以肩、肘、腕为轴，使带在不同部位、不同平面上连续做两个对称的绕环为"8"字。以肩、肘、腕为轴做"8"字，分别称为大、中、小"8"字。该技术同绕环相同，因此要用手腕灵活地向内、外转动，带动带子转换方向，使带运动的轨迹成"8"字。

(二)基本动作

如图 6-29 所示。

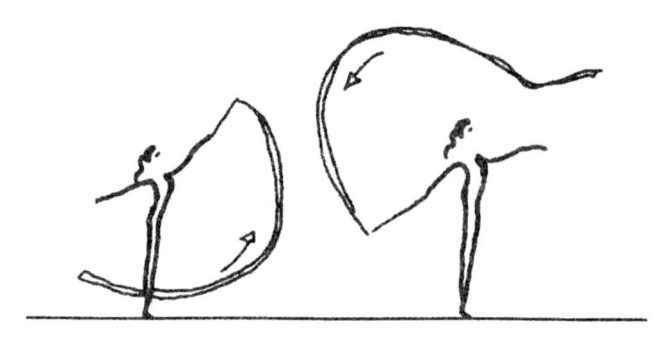

体侧绕"8"字

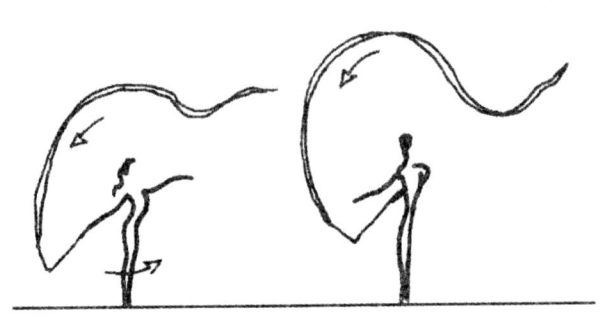

体前绕"8"字

体前、后绕"8"字　　　　体前和头上水平绕"8"字

图 6-29

四、蛇形

(一)要领与要求

单手持带,以手腕为轴,手连续、快速、均匀地做上下或左右小摆动,使带形成一串(5~6个)大小、距离相等的波浪图形。波浪图形与地面平行称为水平蛇形,波浪图形与地面垂直称为垂直蛇形。

(二)基本动作

如图 6-30 所示。

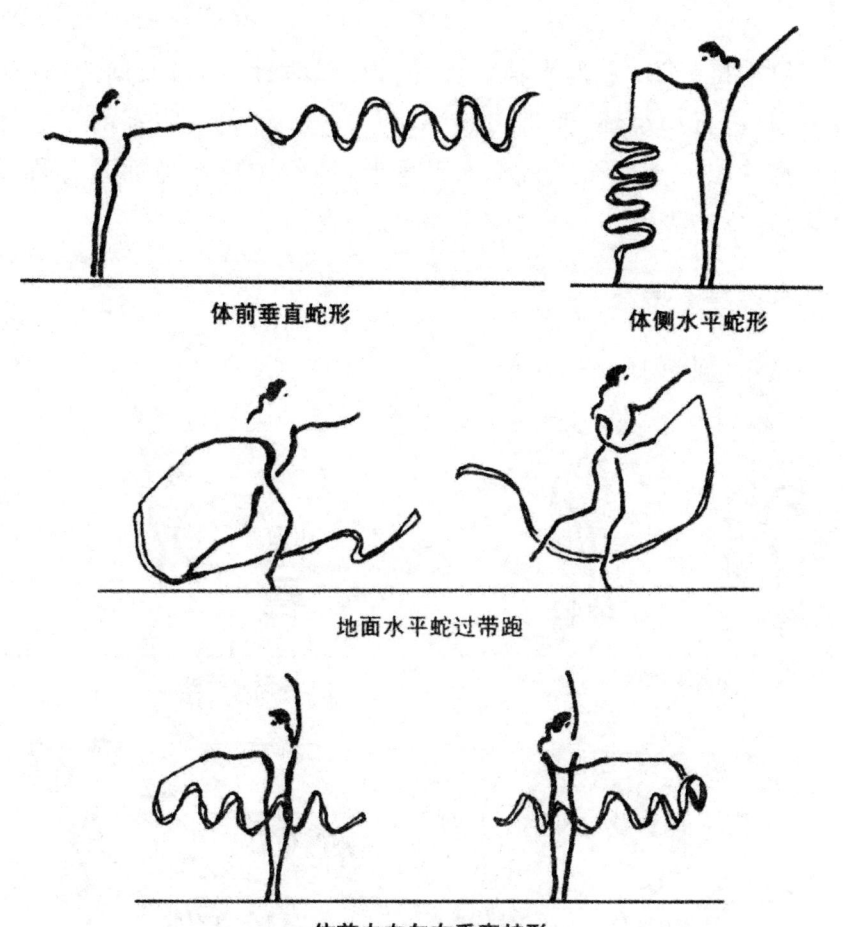

体前垂直蛇形　　　　　体侧水平蛇形

地面水平蛇过带跑

体前由左向右垂直蛇形

体后垂直蛇形

图 6-30

五、螺形

(一)要领与要求

单手持带,以手腕为轴,连续向内(顺时针方向)或向外(逆时针方向)进行小绕环,使带出现一串(5~6 个)大小相等的环状图形。环状图形与地面平行称水平螺形,环状图形与地面垂直称垂直螺形。

(二)基本动作

基本动作如图 6-31 所示。

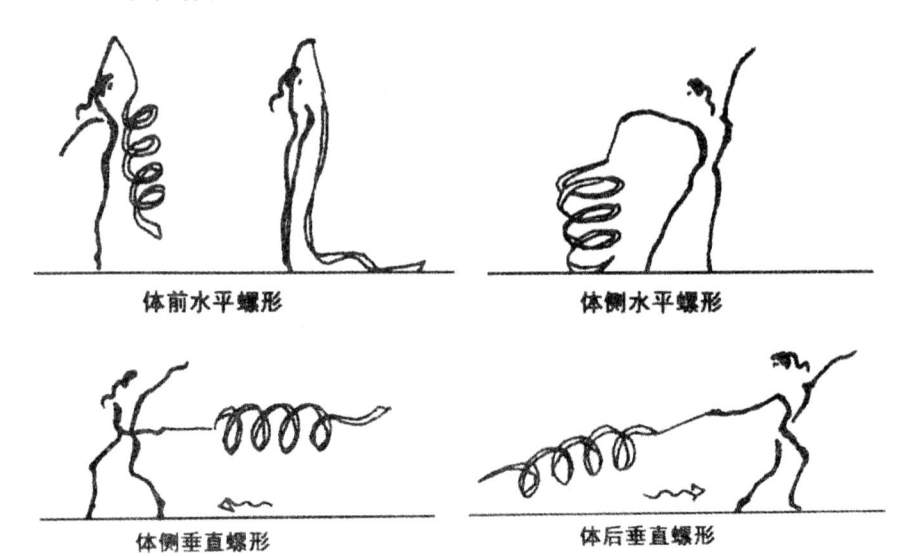

体前水平螺形　　　　　　体侧水平螺形

体侧垂直螺形　　　　　　体后垂直螺形

第六章 轻器械艺术体操技能训练

体前由左向右地面水平螺形

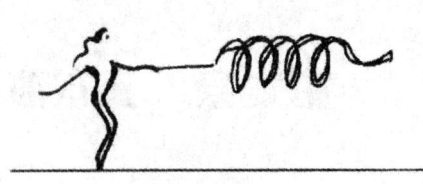

体前垂直螺形

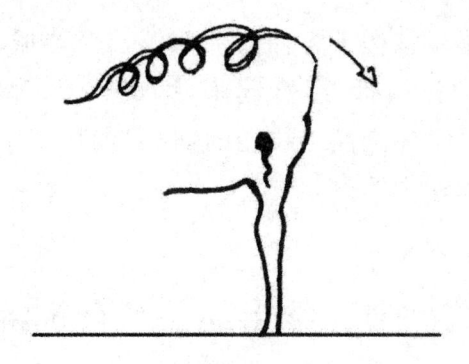

头上垂直螺形

图 6-31

第七章 艺术体操高难技能训练

在学习并逐步掌握了各种徒手动作和轻器械动作后,就可以把所学的这些动作衔接、组合起来,编成整套的动作进行练习。本章就来研究艺术体操高难技能的训练,包括徒手动作组合训练和持器械组合动作训练。

第一节 徒手动作组合训练

一、摆动、绕环组合

配曲:红梅花开。
预备姿势:站立开始,1—臂2位,2—臂7位。
音乐:3/4拍,中速(1小节为一拍)。
动作示例如图7-1所示。
(1)1—屈膝弹动1次,两臂前摆。
2—屈膝弹动1次,两臂侧摆。
3—4屈膝弹动2次,右、左臂依次在体前经下向外绕环至侧举。
5—6同1—2。
7—8同3—4,右、左臂依次在体前经上向里绕环至侧举。
(2)1—左脚向左一步,重心左移,两臂向里摆至体前屈臂交叉。

第七章 艺术体操高难技能训练

2—重心右移,两臂向外摆至侧举。

3—4 向左变换步成左脚支撑、右脚侧点,两臂经下向外绕环一周半后至体前屈臂交叉。

5—8 与 1—4 相反。

(3)1—左脚向前一步,重心前移,两臂经下后,右臂前摆左臂后摆。

2—重心后移,臂的动作与 1—相反。

3—4 左脚向前变换步成左脚前、右脚后点,同时左、右臂分别前后绕环一周,成右臂前摆、左臂后摆。

5—8 与 1—4 相反。

(4)1—2 左脚开始向前 2 步,两臂在体侧进行"8"字绕环。

3—4 左脚开始后退 2 步,两臂在体前进行"8"字绕环。

5—6 左脚向左一步,右脚在左前交叉,向左并立转 360°,臂 3 位。

7—右脚上一步屈膝,左脚后点,上体后波浪。

8—左脚向后一步,上体后侧屈。

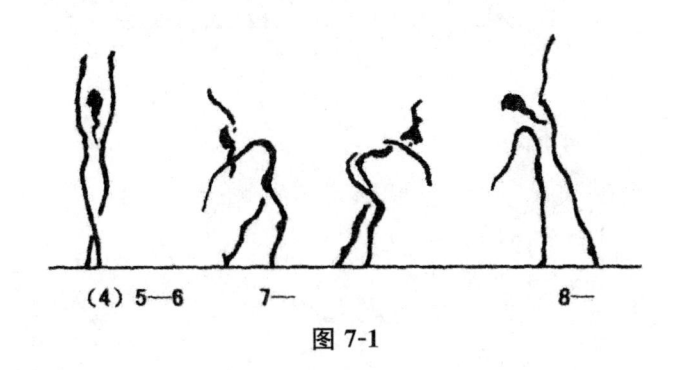

图 7-1

二、直臂位置组合

预备姿势:站立。

音乐:4/4 拍,中速。

(1)如图 7-2 所示。

1—4 两臂前下举;回原。

5—8 两臂前举;回原。

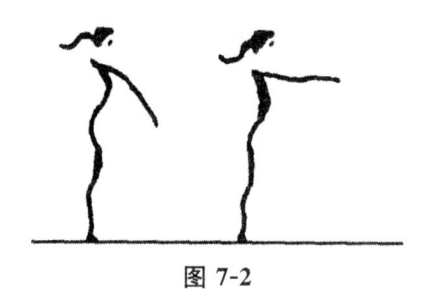

图 7-2

(2)如图 7-3 所示。
1—4 两臂侧下举;回原。
5—8 两臂侧举;回原。

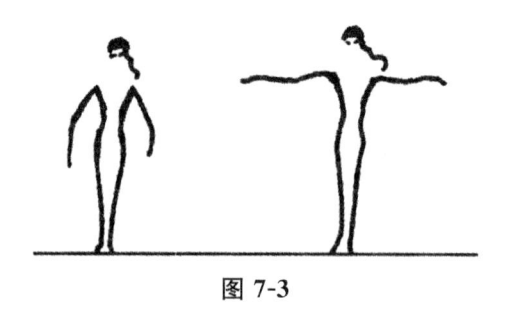

图 7-3

(3)如图 7-4 所示。
1—4 左脚前点,同时右臂前举左臂侧举;回原。
5—8 与 1—4 相反。

图 7-4

(4)如图 7-5 所示。
1—4 左脚后点,同时右臂上举,左臂侧举;回原。

第七章 艺术体操高难技能训练

5—8 与 1—4 相反。

图 7-5

(5) 如图 7-6 所示。

1—4 右脚向 2 点迈一步成右弓步,同时右臂斜前上举,左臂斜后下举;回原。

5—8 与 1—4 相反。

图 7-6

(6) 如图 7-7 所示。

1—8 右脚向 6 点退一步成左弓步(面向 2 点),两臂向前上方举起;回原。

(7) 1—8 与(6)相反。

图 7-7

(8)如图 7-8 所示。

1—4 左脚向前一步,重心前移,同时两臂经前举至上举。

7—8 回原(脚收回,臂下垂)。

图 7-8

三、足尖步组合

预备姿势:起踵立,面向逆时针方向。

音乐:4/4 拍,中速,柔和连贯地。

动作方法:如图 7-9 所示,右脚开始足尖步,一拍一步,臂的动作如下。

(1)1—4 两臂慢慢侧举→上举。

5—8 两臂从上举落至交叉前举并做臂波浪 2 次。

(2)1—4 右臂在上的 5 位,向右后足尖步 4 次,自转 360°。

5—8 向前 4 次足尖步,5 位臂波浪 2 次。

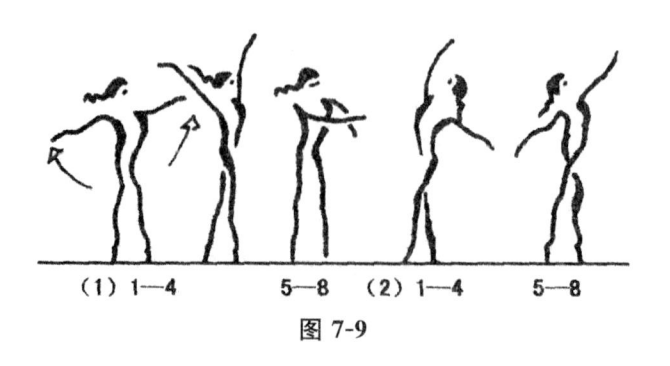

图 7-9

(3)如图 7-10 所示,1—4 上体向后波浪成含胸低头弓背,两臂经后绕至前举。

(3) 1—4   5—8 (4) 1—2 3—4
                     5—6 7—8

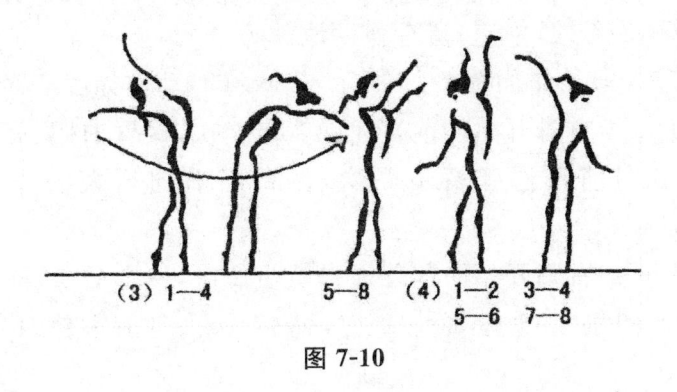

图 7-10

5—8 抬上体,两臂前上举,手臂波浪 2 次。

(4)1—8 两臂依次做体侧波浪 4 次(右、左、右、左)。

四、柔软步组合

预备:站立,面向逆时针方向。

音乐:4/4 拍或 2/4 拍,中速。

动作方法:脚走柔软步,右脚开始一拍一动,臂的动作如下。

(1)1—2 左臂前举,放下。

3—4 右臂侧举,放下。

5—8 两臂同时由右→上→左绕环一周至左臂前举,右臂侧举,第 8 拍放下。

(2)与(1)相反。

(3)1—8 脚走柔软步,向右后自转 360°,两臂由 1 位→2 位→3 位→7 位→1 位。

(4)1—4 两臂前摆、后摆。

5—8 两臂经下、前,向后大绕环一周后前摆,第 8 拍放下,脚立停。

五、弹簧步组合

预备姿势:起踵,两臂侧举。

音乐:2/4拍,中速,富有弹性地。

(1)—(3)动作如图 7-11 所示,(4)—(8)动作如图 7-12 所示。

(1)1—4 右脚开始向前普通弹簧步 2 次,两臂前摆、后摆。

5—8 向前普通弹簧步 2 次,两臂经前向后大绕环一周至前举。

(2)1—4 右脚开始向前普通弹簧步 2 次,两臂后摆、前摆。

5—8 向前普通弹簧步 2 次,两臂经后向前大绕环一周至后举。

(3)1—4 右脚开始弹簧步侧举腿 2 次(后退),两臂体前交叉后向侧打开。

5—8 同 1—4。

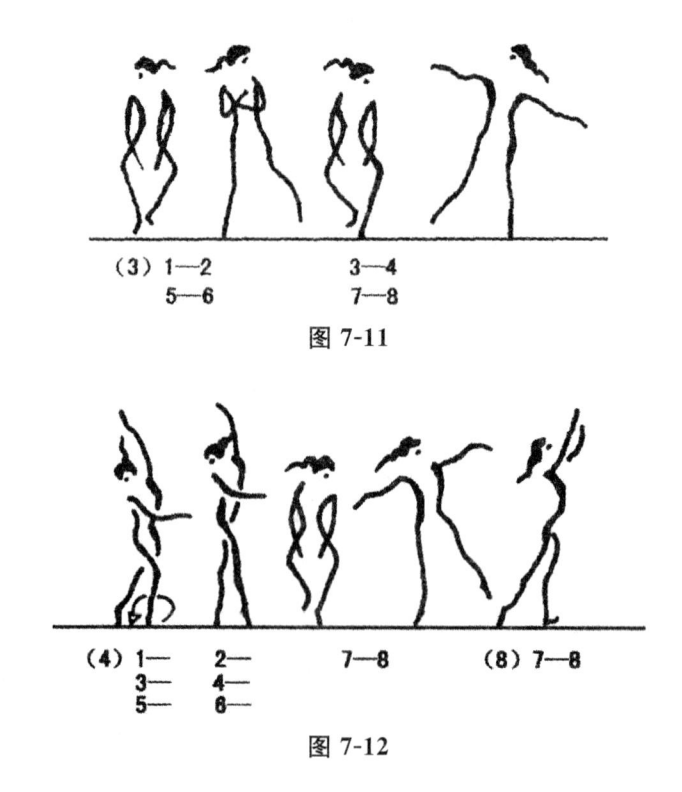

图 7-11

图 7-12

(4)1—右脚在左脚前交叉柔软步屈膝,左脚离地屈膝,臂 4 位(左臂在上),上体右侧屈,头右转。

2—左脚前掌踏下直膝,右脚直膝离地,臂仍 4 位。

3—4 和 5—6 均同 1—2。

7—8 右脚原地侧弹簧步 1 次,臂 7 位。以上 8 拍正好向左自转 360°。

(5)同(3),但左脚开始做。

(6)同(4),但左脚在右脚前交叉开始做,向右自转 360°。

(7)1—8 右脚开始做前举膝弹簧步 2 次。

(8)1—6 右脚开始向前举膝弹簧步跳 3 次。

7—8 左脚向前落下重心前移,右脚后点,臂前上举波浪 1 次。

六、变换步组合

预备姿势:站立,面向逆时针方向。

1—臂从 1 位→2 位。

2—臂从 2 位→7 位。

音乐:2/4 拍

(1)—(6)动作如图 7-13 所示,(7)—(8)动作如图 7-14 所示。

(1)1—8 左脚开始普通变换步 4 次。

(2)1—8 后退变换步前举腿 4 次。

(3)1—4 面向圆心做变换步后举腿 2 次。

5—6 左脚在右脚前交叉,向右并立转体 180°,臂 3 位。

7—8 右脚上步重心前移,左脚后点地,臂由 3 位落至侧举。

(4)1—8 背向圆心做,同(3)。

(5)1—2 面向圆心,左脚开始向左侧变换步后举腿,臂由 7 位→6 位。

3—4 右脚向右侧做变换步后举腿。

5—6 左脚向左侧做变换步吸右腿,左臂上举,右臂侧举。

7—8 与 5—6 相反。

(6)1—2 面向圆心,左脚开始做变换步前摆转体 180°,臂侧举。

3—4 右脚向前一步经半蹲重心前移,左脚后点地,左臂侧举,右臂由侧举经 1 位→2 位→3 位。

图 7-13

(7) 1—8 面向逆时针方向变换步跳 4 次。

(8) 1—4 向前碎步小跑,躯干向后波浪同时两臂向后绕至前举。

5—6 右脚上步屈膝,左脚后点,弓身低头。

7—8 重心移至左脚,右脚在左脚左旁点地,上体后屈,臂侧举。

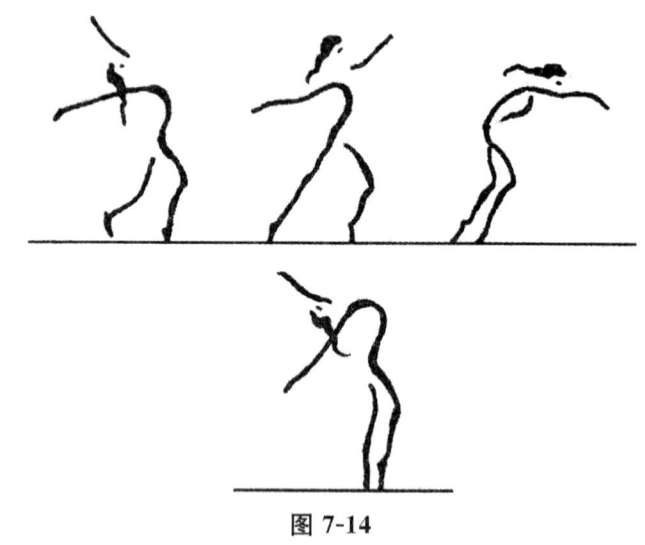

图 7-14

七、波尔卡组合

预备姿势:臂侧举站立,练习者成两横排。

音乐:波尔卡舞曲。

第七章　艺术体操高难技能训练

(1)—(4)动作如图 7-15 所示,(5)动作如图 7-16 所示,(6)动作如图 7-17 所示。

(1)1—8 右脚开始向前波尔卡 4 次,臂的动作为 1—2 和 5—6 两臂体前交叉,3—4 和 7—8 两臂向侧打开,手心向上。

(2)1—8 后退波尔卡 4 次,手叉腰从原路线返回。

(3)1—8 前点后点波尔卡 2 次,走成圆圈。

(4)同(3)。

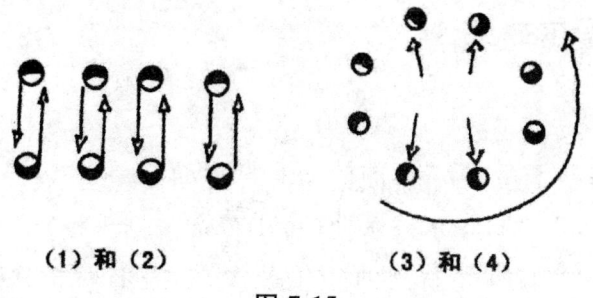

(1) 和 (2)　　　　(3) 和 (4)

图 7-15

(5)1—2 右转 90°,左肩对圆心,右脚小跳开始做侧波尔卡 1 个,左手叉腰,右臂侧上举,第 2 拍的后半拍时左转 180°。

3—4 与 1—2 相反(右肩对圆心)。

5—8 右转 360°,向圆外做 2 次侧进波尔卡。

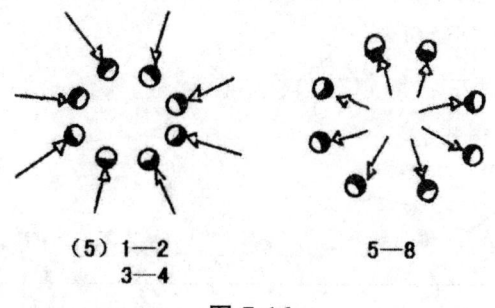

(5) 1—2　　　　5—8
　　 3—4

图 7-16

(6)1—6 向逆时针方向跑跳步 6 次,两臂自然摆动。

7—8 插秧步右、左、右,左手叉腰,右臂由体前经下掏至 3 位,上体由含胸低头到挺胸抬头。

171

图 7-17

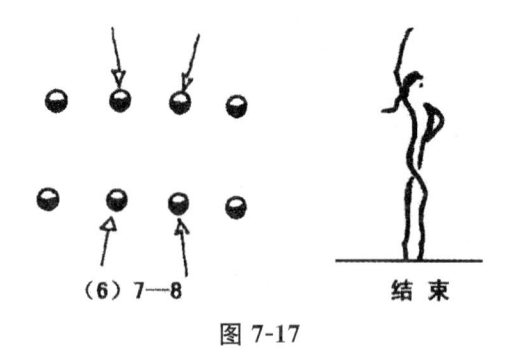

八、华尔兹组合

预备姿势:起踵1—臂从1位→2位。

2—臂从2位→7位,面向逆时针方向。

音乐:3/4拍,华尔兹乐曲(每小节音乐作1拍)

(1)1—2 右脚开始向前华尔兹2次,左右臂依次由7位→1位→2位→3位→7位。

3—4 右脚开始向前华尔兹2次,右左臂依次向侧波浪。

5—8 同1—4。

(2)如图7-18所示。

1—4 右脚开始后退华尔兹4次,两臂侧举。

5—面向圆心,右脚向右前华尔兹,两臂经下摆至右前上方,由低头含胸至抬头挺胸。

6—左脚向左后华尔兹,两臂摆至左后方。

7—8 同5—6。

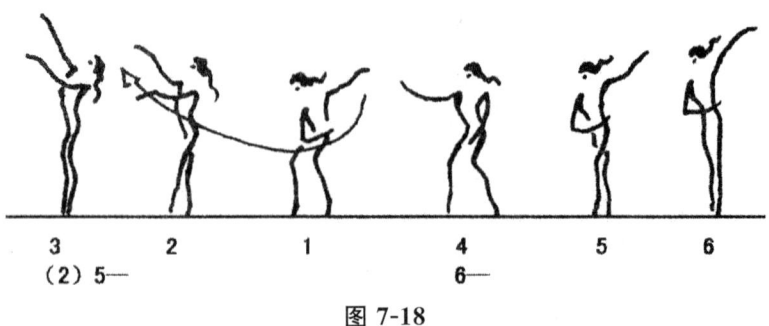

图 7-18

(3)如图 7-19 所示。

1—同(2)5—。

2—左脚开始向右转身华尔兹 180°,两臂由上落至左侧,上体向左侧屈,眼看左手。

3—4 同 1—2,但背向圆心。

5—8 右脚开始做 4 次侧华尔兹,臂 4 位。

(4)如图 7-19 所示。

1—6 右脚开始向前华尔兹跳 6 次,两臂依次侧波浪 6 次(右、左、右、左、右、左)。

7—右、左、右向前小跑 3 步,同时右转 360°,臂 7 位。

8—左腿半蹲,右腿屈膝后点地,臂 4 位,眼看左下方。

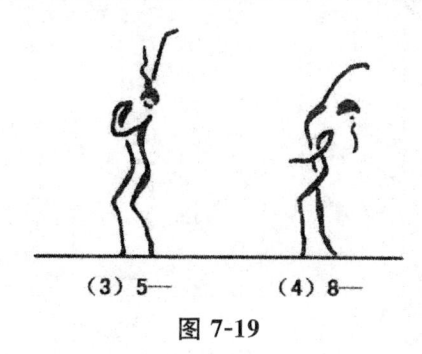

图 7-19

九、波浪操

音乐:歌曲《真的好想你》。

(1)第 1 节:体侧手臂波浪(2×8 拍)。

如图 7-20 所示。

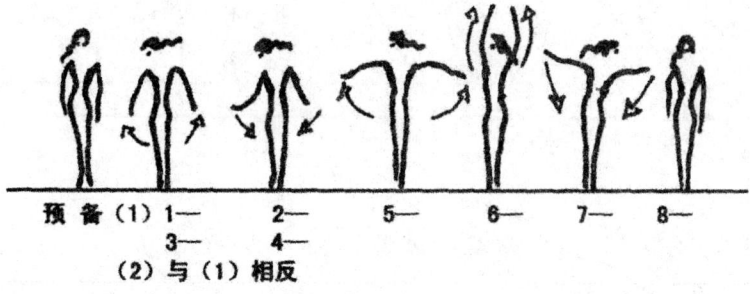

图 7-20

(2)第2节:单臂摆动波浪(2×8拍)。

如图7-21所示。

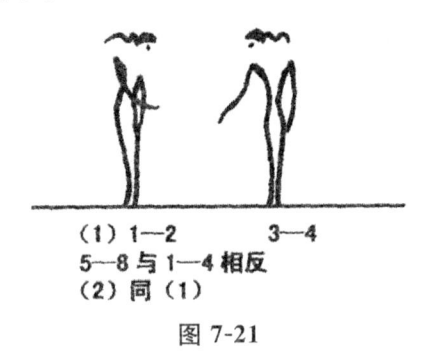

(1) 1—2   3—4
5—8与1—4相反
(2)同(1)

图7-21

(3)第3节:双臂交叉绕(2×8拍)。

如图7-22所示。

(1)　　1—　2—　3—　4—　5—　6—　7—　8—
(2)与(1)相反

图7-22

(4)第4节:前后摆臂身体波浪(2×8拍)。

如图7-23所示。

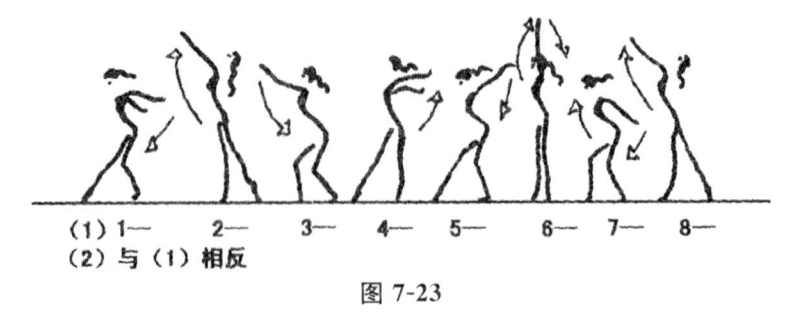

(1) 1—　2—　3—　4—　5—　6—　7—　8—
(2)与(1)相反

图7-23

(5)第5节:左右摆臂身体波浪(2×8拍)。

如图7-24所示。

第七章 艺术体操高难技能训练

(1) 1— 2— 3— 4— 5— 6— 7—8
(2) 与(1)相反

图 7-24

(6)第6节:依次摆臂身体波浪(2×8拍)。
如图 7-25 所示。

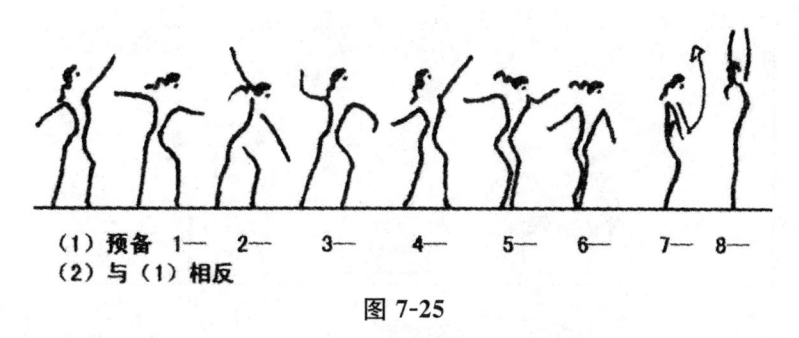

(1) 预备 1— 2— 3— 4— 5— 6— 7— 8—
(2) 与(1)相反

图 7-25

(7)第7节:水平前后摆臂身体波浪(4×8拍)。
如图 7-26 所示。

(1) 1— 2— 3— 4—
    5— 6— 7— 8—

(2) 1—2 3— 4— 5— 6— 7—8
(3)、(4)同(1)、(2),但方向相反

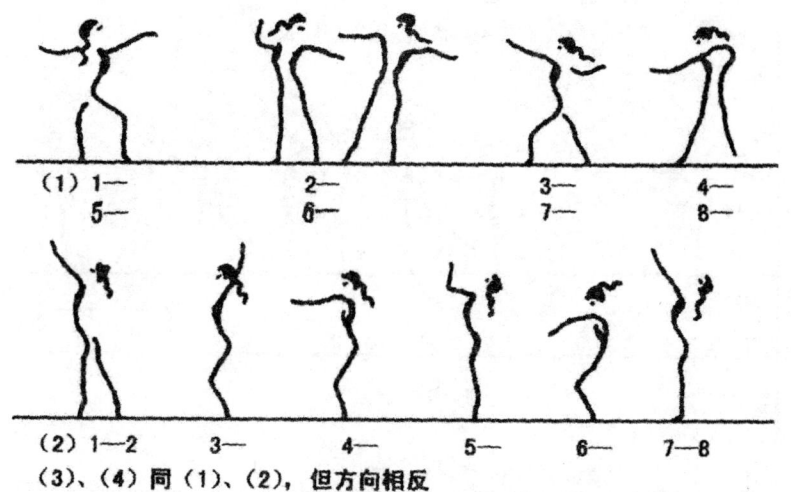

图 7-26

(8)第 8 节:踢腿身体侧波浪(2×8 拍)。

如图 7-27 所示。

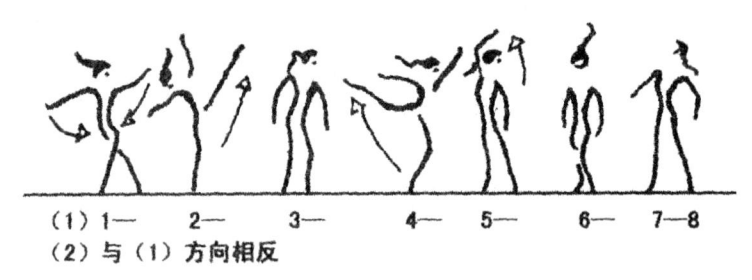

(1) 1— 2— 3— 4— 5— 6— 7—8
(2) 与(1)方向相反

图 7-27

(9)第 9 节:波浪转体(2×8 拍)。

如图 7-28 所示。

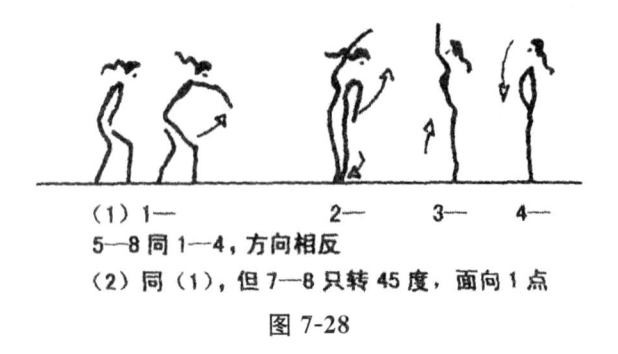

(1) 1— 2— 3— 4—
5—8 同 1—4,方向相反
(2) 同(1),但 7—8 只转 45 度,面向 1 点

图 7-28

(10)第 10 节:含胸展胸手臂前侧波浪(2×8 拍)。

如图 7-29 所示。

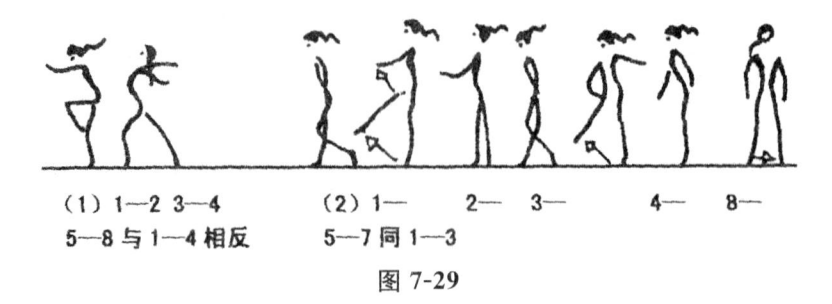

(1) 1—2 3—4 (2) 1— 2— 3— 4— 8—
5—8 与 1—4 相反   5—7 同 1—3

图 7-29

(11)第 11 节:体前屈手臂波浪(2×8 拍)。

如图 7-30 所示。

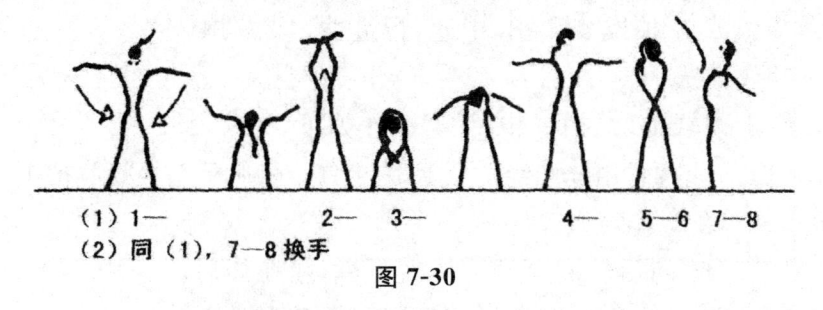

(1) 1— 2— 3— 4— 5—6 7—8
(2) 同（1），7—8 换手

图 7-30

(12)第 12 节：碎步转体(2×8 拍＋4 拍)。

如图 7-31 所示。

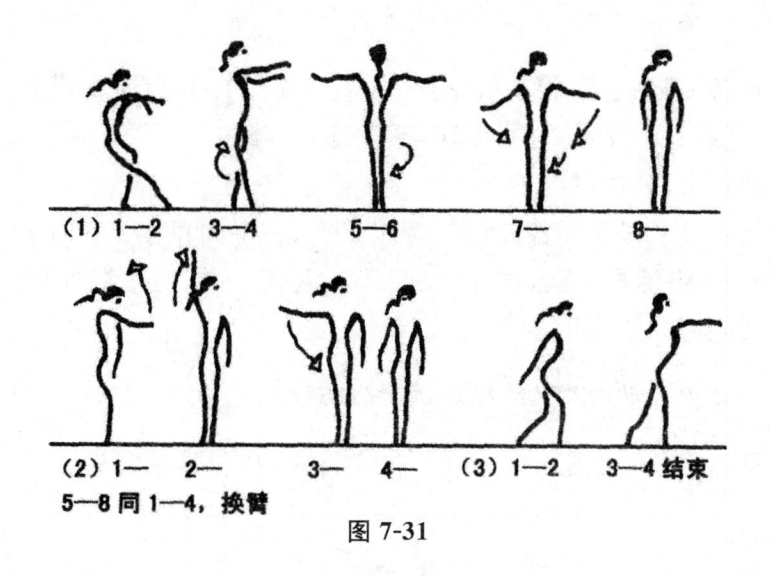

(1) 1—2 3—4 5—6 7— 8—

(2) 1— 2— 3— 4— (3) 1—2 3—4 结束
5—8 同 1—4，换臂

图 7-31

第二节　持器械组合训练

一、绳操组合动作

(一)持绳行进操小组合

1.柔软步持三折绳转肩

预备姿势：两臂体前下垂，两手持三折绳两头。

音乐:2/4拍或4/4拍,中速,行进性,4×8拍。

动作方法:

脚走柔软步,一拍一步,手臂动作如下。

(1)1—4两臂由体前经前至上举,上体由含胸低头至挺胸抬头。

5—8两臂后振2次。

(2)1—4向后转肩至两臂体后下举,绳在体后。

5—8两臂由后到上举经转肩回到体前下举。

(3)和(4)同(1)和(2)。

2.交替步前进小绕环,跑跳步自转绳上举

预备姿势: 左手腰前握绳两头,右手右前持双折绳中段。

音乐: 2/4或4/4拍,中速,活泼地,4×8拍。

动作方法:

(1)1—4右左脚各向前交替步1次,右手向里小绕环4次。

5—8跑跳步4次,向左自转1周;两臂上举,两手握四折绳。

(2)、(3)、(4)同(1)。

3.足尖步体侧"8"字绕环,前摇跳过绳

预备姿势: 如图7-32所示,右臂前举,右手握绳两头。

图 7-32

音乐:4/4或2/4拍,中速,共4×8拍。
动作方法:

(1)1—4右脚开始向前足尖步4次,右手体侧"8"字绕环2次。

5—双手体前各持绳一头。

第七章 艺术体操高难技能训练

6—8 前摇小猫跳过绳 3 次

(2)1—4 同(1)1—4,但换左手做。

5—8 同(1)5—8。

(3)、(4)同(1)、(2)。

4.双手持三折绳转体、涮腰

预备姿势:双手握三折绳两端于体前。

音乐:4/4 拍、中速,4×8 拍。

动作方法:

(1)动作如图 7-33 所示。

1—2 右脚向前弓步,上体右转。

3—4 左脚向前弓步,上体左转。

5—6 右脚上步经四位半蹲后重心前移,臂至前下方。

7—8 右脚撑,左腿后吸,两臂上举,向右拧腰。

图 7-33

(2)动作如图 7-34 所示。

1—8 左脚向侧落下成大开立,由右向左涮腰一周至上举。

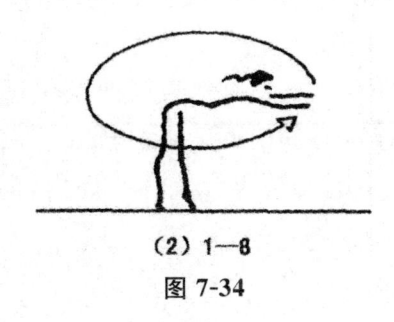

图 7-34

(3)、(4)与(1)、(2)动作相反。

5.双手持四折绳小绕环加洛普步吸腿跳

预备姿势:双手持四折绳两端于体前。
音乐:2/4拍,带跳跃性、有力地,共4×8拍。
动作方法:
如图7-35所示。
(1)1—2 右脚开始向前加洛普步1次,两手体前向前小绕环。
3—4 右脚上步踏跳,左腿前吸,两臂上举,向左拧腰。
5—8 与1—4相反。
(2)、(3)、(4)同(1)。

图 7-35

(二)绳操成套组合

预备姿势:立正,右手持双折绳两头。
音乐:2/4拍,活泼有力地,2×8拍。
动作方法:
(1)1—8 屈膝弹动,上体波浪4次,右手持绳两头左右"8"字绕绳2次。
(2)如图7-36所示,1—8 原地直腿前摆跳过绳4次。
(3)1—4 左右移重心同时两手各持绳头,在体前左右摆绳。
5—8 向左变换步同时顺时针绕环一周后,向左摆绳。
(4)与(3)动作相反。

第七章 艺术体操高难技能训练

图 7-36

(5)1—8 向左碎步转体 360°,手做单绳缠腰。

(6)1—8 继续转体 360°,向相反方向解脱绳。

(7)1—8 小猫跳过绳 4 次。

(8)1—4 原地足尖步 4 次,向右转体 180°,同时两手握四折绳上举。

5—8 左脚开始 2 次向前交替步,同时左手左腰前握绳两头,右手腰前握双折绳。

(9)1—4 右脚开始跑跳步 4 次原地左转 360°,同时左手抓双折绳另一端成四折绳,两臂上举。

5—8 同(8)5—8。

(10)1—4 同(9)1—4。

5—6 左脚向左加洛普步,同时左手握绳两头,右手握双绳中段,在体前向里小绕环 2 次。

7—8 两脚开立,向左右摆髋,右手继续小绕环 2 次。

(11)动作如图 7-37 所示。

1—2 左脚向右一步,右腿侧踢,右手小绕环 2 次。

3—4 右脚下落成右弓步,上体左侧屈,左手握绳另一端,成两臂上举握 4 折绳。

5—8 右脚压脚跟 4 次。

(12)动作如图 7-38 所示。

1—8 向左后弧形小跑,同时左手握绳两头做头上向外水平小绕环。

图 7-37

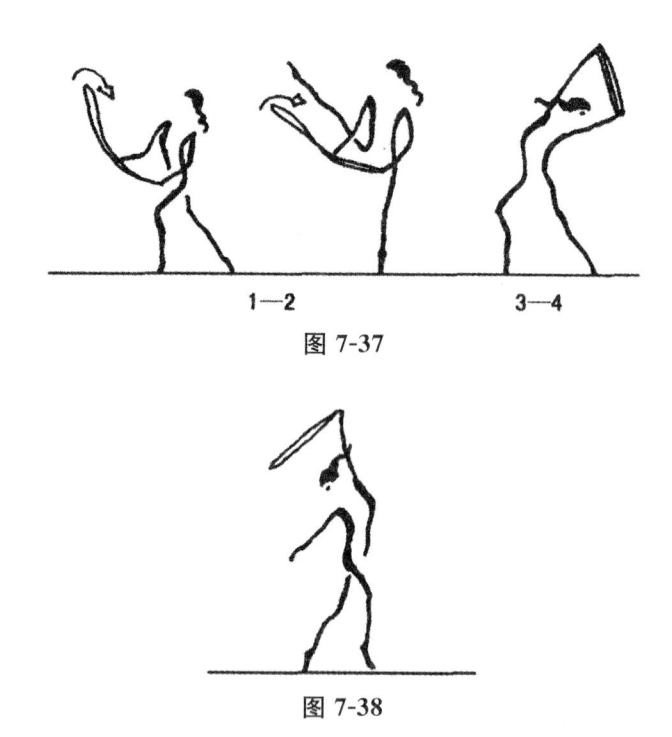

图 7-38

(13)1—2 左脚向左一步移重心,右手将绳另一头交左手,双手在体前向左摆绳。

3—6 左脚并右脚,同时绳在体前体后"8"字绕绳。

7—8 右脚向右一步移重心,同时向右摆绳。

(14)1—2 向左移重心,同时向左摆绳。

3—6 同(13)3—6,最后左手在背后放绳一头。

7—8 左手到体前右侧接绳。

(15)动作如图 7-39 所示。

1—4 右脚在左脚前交叉转体 360°,两手握绳在头上水平大绕环。

5—6 右脚支撑左转 180°,同时左腿向外蹁腿;左手在下,右手在上向左水平大绕环。

7—8 左脚落地,继续左转 180°,右腿向里盖腿,双手向前摆绳,使绳从右腿下摆出。

第七章　艺术体操高难技能训练

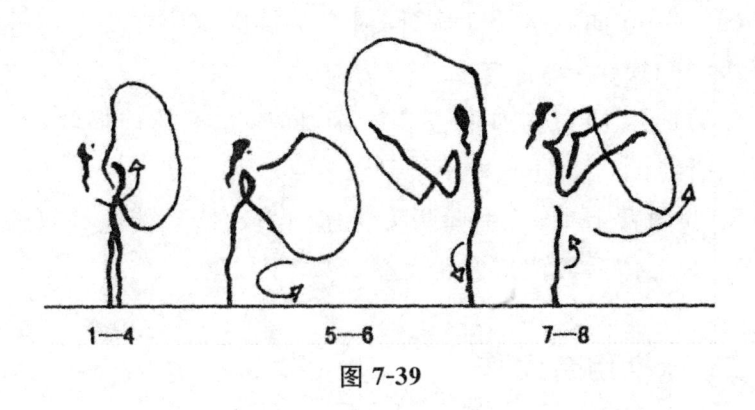

图 7-39

(16) 1—8 面向 1 点向后碎步退,同时两手各握绳头在体侧做向后"8"字绕绳 2 次(左、右、左、右)。

(17) 1—2 右脚在左脚前交叉蹲转 360°,双手握四折绳两端。

3—4 五位起踵,两臂上举握绳。

5—8 左脚侧一步,右脚并左脚,身体做螺旋波浪,同时双手体前"8"字绕绳至两臂上举。

(18) 1—4 向前摇绳双直起单落过绳跳 4 次。

(19) 如图 7-40 所示。

1—8 弧形跑,左手腰前握绳一头,右手上举握另一头和绳的 1/3 处,并在头上做向里水平小绕环。

图 7-40

(20) 1—4 右脚向前加洛普步接右脚踏跳,左腿前吸同时两手体前握四折绳两端,向前小绕环后上举。

5—8 同 1—4。

(21)1—8 向右平转 3 次,同时右手握绳两头在头上向外水平绕环接腰间换手、膝后换手。

(22)1—4 向左侧加洛普步 4 次,同时左手体前握绳两头,右手握双折绳的 1/2 处向里小绕环 4 次。

5—6 两臂上举,右手握两头快速向里小绕环使绳缠双腕。

7—8 上体后波浪成含胸低头。

二、球操组合动作

(一)球操小组合

预备姿势:面向 2 点,左脚向 2 点一步,右脚体后点地,上体稍前倾,右臂 2 位,右手持球,左臂后上伸。

1—4 转向 1 点,左脚并右脚,右手向后预摆。

动作方法:

(1)1—4 两腿屈膝弹动 2 次,右手向上抛接球 2 次,换左手。

5—8 与 1—4 动作相反。

(2)1—4 左手向内"8"字绕环 1 次。

5—8 与 1—4 动作相反。

(3)1—4 右手向外"8"字绕环 1 次。

5—6 左手向外"8"字绕环 1 次。

(4)1—4 左手开始胸滚 1 次。

5—8 与 1—4 动作相反。

(二)球操综合型组合

1.预备

立正,左手持球于肩上。

(1)1—8 右脚开始变换步 2 次。

(2)1—4 右脚向前一步后举左腿立,同时双手向胸上拨球经

第七章 艺术体操高难技能训练

手臂滚至双手。

5—8 持球柔软跑成左腿站立,右脚体后点地,右手 2 位持球,左臂斜后上举,身体稍前倾的姿势。

(3)1—2 右腿站立,左腿屈膝在右脚旁点地,右、左手在胸前上下持球。

2. 正式开始

(1)1—8 右脚开始原地滚动步 4 次,同时双手胸前向前转动球($4 \times 180°$)。

(2)1—2 右脚开始原地滚动步 2 次,同时向右转 90°,继续向前转动球($2 \times 180°$)。

3—4、5—6、7—8 均同 1—2。

(3)1—4 左脚向前一步,右脚并于左脚做向前全身波浪,同时向前转动球至上举。

5—8 同 1—4。

(4)1—4 左脚向左一步,右脚并于左脚,同时双手持球向左螺旋"8"字绕球。

5—8 与 1—4 动作相反。

(5)1—2 左腿向后一步半蹲,右腿前点地,同时双手上举向右转动球。

3—4 右腿向后一步半蹲,左腿前点地,同时双手上举向左转动球。

5—6 同 1—4。

7—8 同 1—2。

(6)与(5)动作相反。

(7)1—4 左脚并右脚弹动 4 次,同时右手拍球 4 次,左臂侧后举。

5—8 与 1—4 动作相反。

(8)1—2 右左手各拍球 1 次,并屈膝弹动。

3—4 右手拍球 3 次,并半蹲再起立。

5—8 与 1—4 动作相反。

（9）1—4 右脚向右一步，左脚并右脚，同时左手持球向内"8"字绕。

5—8 脚步同 1—4，但换右手持球外"8"字绕。

（10）与（9）动作相反。

（11）1—2 左脚向前华尔兹步 1 次，同时左手换右手持球从 2 位→7 位。

3—4 右脚向前华尔兹步 1 次，同时右手持球内"8"字绕，体后传球给左手。

5—8 与 1—4 动作相反，最后左转 180°。

（12）同（11）。

（13）1—2 双腿弹动 1 次，同时双手体前拍球 1 次，双手接。

3—4 提踵立，双手抛接球 1 次。

5—左腿向左一步，同时右手体前拍球 1 次。

6—重心移至左腿，右脚侧点地，同时左手接球经下摆至侧下举，右臂侧上举，眼看球。

7—8 与 5—6 动作相反。

（14）1—3 左脚向左并步跳 3 次，同时右手拍球 3 次。

4—重心移至左腿，右腿侧点地，同时左手接球经下摆至侧下举，右臂侧上举，眼看球。

5—8 与 1—4 动作相反。

（15）1—4 向左碎步，右手山形抛，左手接球。

5—8 与 1—4 动作相反。

（16）1—2 起踵，右手持球上举，滚至肩，左手接。

3—4 双手胸前上拨球，经右肩滚至后背，双手背后接球，上体后波浪。

5—6 左转 90°左腿上前一步起踵，右腿后举，双手胸前向上拨球。

7—8 向前小跑 3 步，臂前举，球经臂滚至双手，成右腿半蹲，左腿屈膝后点地，前举球。

第七章　艺术体操高难技能训练

(17)1—左转 180°成左腿半蹲,右腿屈膝后点地,右手向前拨球成地滚球,左臂斜后举。

2—3 向前小跑 3 步,两臂内绕球至侧上举,右腿起踵立,左腿后举。

4—左腿向前一大步半蹲,右腿屈膝后点,右手接地滚球起立,右臂前举,左臂侧举。

5—6 右脚向前一步,左脚于右脚前交叉转体 360°,同时体后换左手持球。

7—8 右脚向前一步,左腿后点地,同时两手体前握球向内中绕环至交叉臂前上举,抬头挺胸,目光盯着球。

三、带操组合动作

(一)带操小组合一

音乐:2/4 或 3/4。

预备姿势:左脚站立,右脚于左脚后点地,右手握带柄上举,左手握带中段侧后举,左拧腰,目视左侧方。

动作方法:

(1)动作如图 7-41 所示。

1—2 右脚向右上步,左脚于右脚前交叉转体 360°,同时右手在头上由左向右顺时针做水平绕环一周,左臂侧举。

3—4 右脚后退一步微屈膝半蹲,左脚于右脚后屈膝点地,同时右手做体前由右向左的"8"字小绕环,左臂左侧后举,目视前斜下方。

5—6 两腿原地做有弹性地屈伸一次,同时,右臂由左向右做体侧反"8"字大绕环至右侧上举。

7—两脚并立起踵,同时左臂侧举,右臂在头上做快速逆时针水平绕环。

8—左脚向前一步成踏步蹲,含胸、低头,同时右臂前下举。

图 7-41

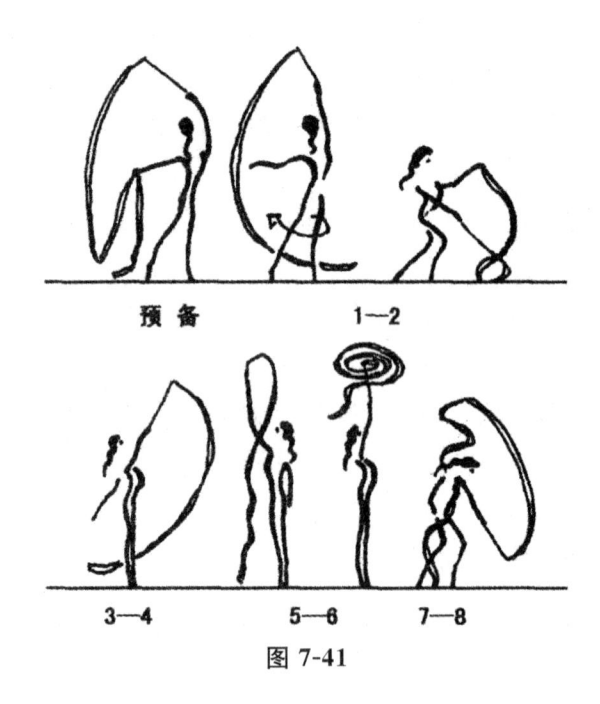

(2)1—8 重复(1)1—8,方向相反。

(二)带操小组合二

音乐:3/4。

预备姿势:两脚并步起踵立,右手握带柄右侧上举,左手握带中段左侧后举,半面右转,目视左斜前方。

动作方法:

如图 7-42 所示。

①—3 左脚向左侧做华尔兹一次,同时左臂侧举,右臂平举由右向左做垂直蛇,眼随右臂而动。

②—3 动作同①,唯方向相反。

③—3 左脚向左侧一步,右脚于左脚前交叉转体 360°,同时右臂上举逆时针做头上水平绕环。

④—3 右脚开始向右侧一步,原地脚尖碎步向右转体 360°,同时左臂侧上举(掌心向外),右臂下举顺时针由左向右做水平螺,眼随右臂而动。

第七章　艺术体操高难技能训练

⑤—3 左脚开始向前小跑 3 步,同时左臂侧后举,右臂上举头后做水平蛇,挺胸、稍抬头,目视前上方。

⑥—3 左脚开始后退小跑 3 步,同时右臂前斜上举做水平蛇,左臂侧后上举,稍含胸,目视前方。

⑦—3 接着逐渐挺胸、抬头,双脚继续碎步后退,同时左臂上举,右臂逐渐至上举,眼随右臂而动。

⑧—3 左脚向前上步,右脚于左脚后点地,右臂在体前做水平蛇,当摆至贴胸的同时,左手按带贴于胸处,右手向前上提柄,至带柄尖端触胸时,抬头、挺胸、目视上方。

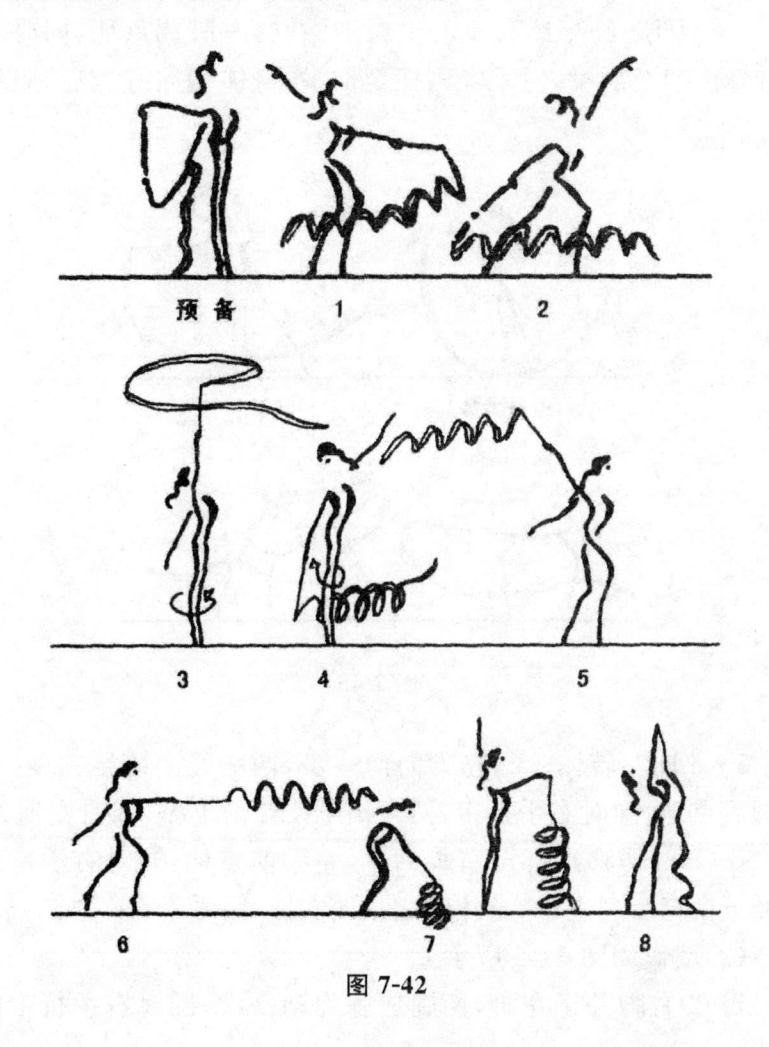

图 7-42

(三)带操综合型组合

预备姿势:面向左前方,右脚站立,左脚后点地。右手持带棍侧举,左手握带尾前上举,眼看左前方。

动作方法:

(1)1—4动作如图7-43所示,5—8如图7-44所示。

1—2 左脚向左一步,两腿经半蹲至左脚站立,右脚侧点地,同时右手持带经前摆至左侧前举,身体稍向右侧屈,左手松带尾摆至后斜上举,眼看正前方。

3—4 两腿经半蹲移重心至右腿站立,左脚侧点地,同时右手持带经前摆至后举,左手经侧摆至前举,身体稍向左侧屈,眼看正前方。

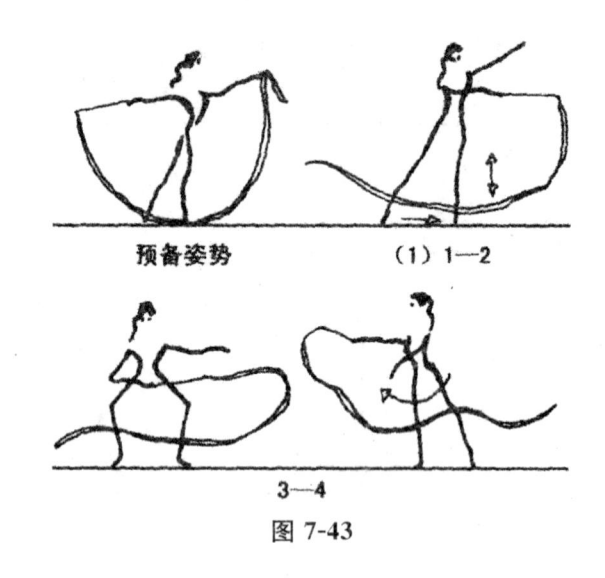

图7-43

5—6 向左转体45°,左脚向前一步,两腿经半蹲至左腿站立,右脚后点地,同时右手持带,两臂经下摆至前上举,眼看左前方。

7—8 两腿移重心至右脚站立,左脚前点地,同时右手持带由前经下摆至后斜上举,身体随之稍向右转,眼看带。

(2)动作如图7-45所示。

1—2 右脚并于左脚,两腿屈膝弹动一次,同时右手持带由下经前向后大绕环一周,左臂侧举。

3—4 同 1—2。

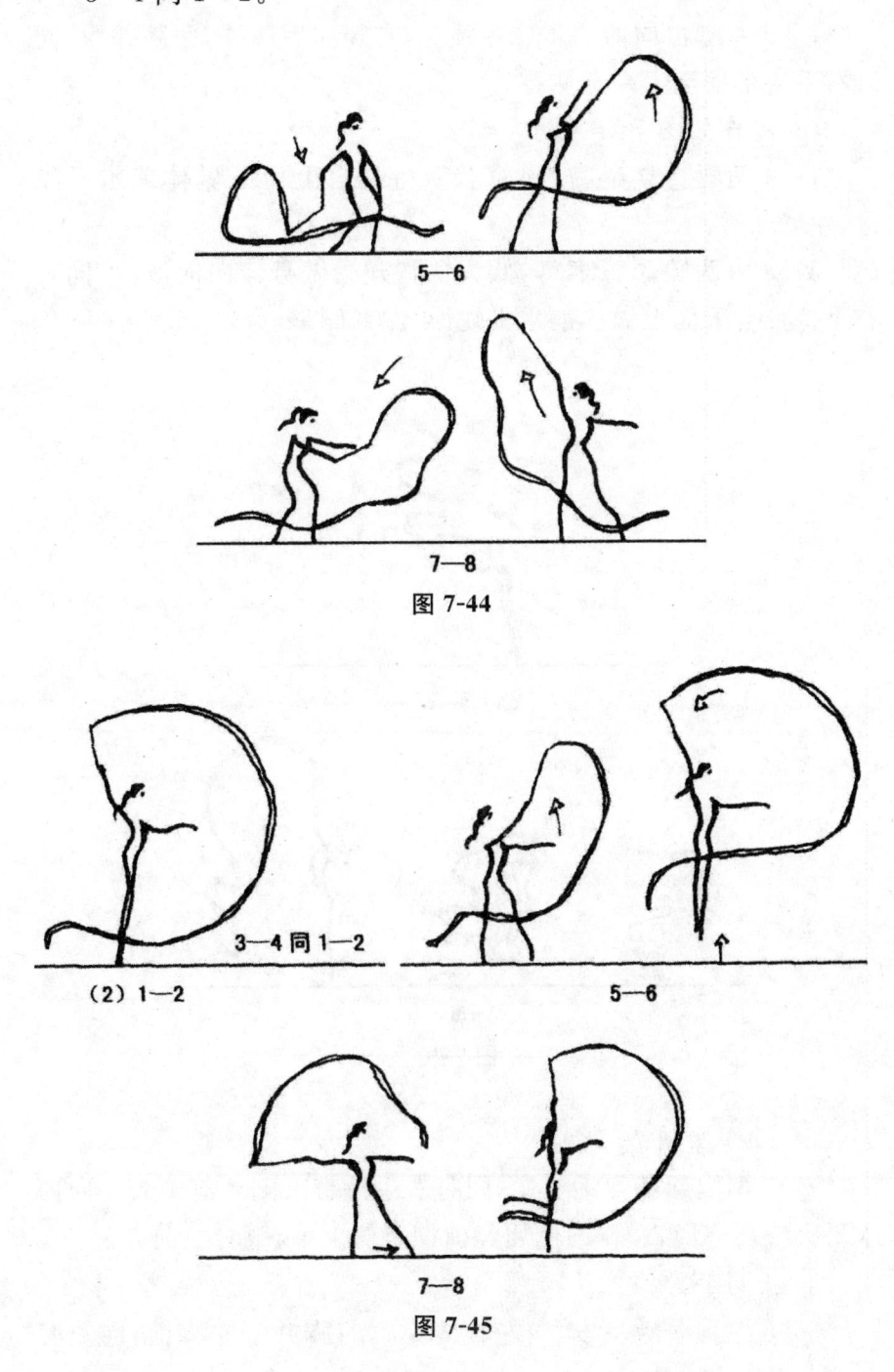

图 7-44

图 7-45

5—6 左脚向前并步跳,同时右手持带向后大绕环一周,左臂侧举。

7—8 左脚再向前一步成提踵立,右腿向后屈膝,两膝并拢,同时右手持带摆至上左臂侧举。

(3)动作如图 7-46 所示。

1—4 两腿直立半蹲,同时右手持带自上而下做体前水平蛇形,左臂侧举。

5—8 由两腿屈膝半蹲,低头含胸开始做身体向前波浪,同时右手持带自下而上做体前水平蛇形,左臂侧举。

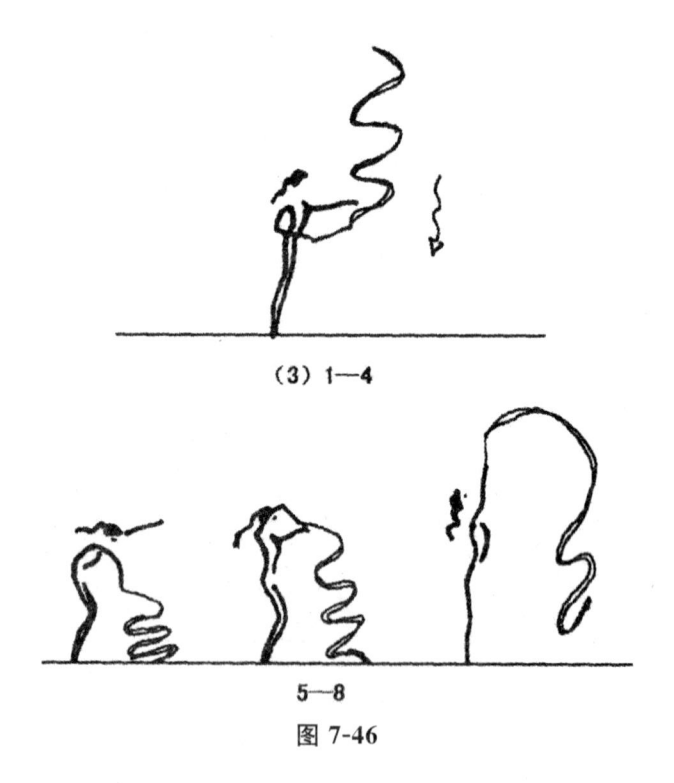

图 7-46

(4)动作如图 7-47 所示。

1—2 两腿屈膝弹动 1 次,同时右手持带由侧经前做头上向内水平大绕环一周,左臂向侧屈经前摆至侧上举,眼看左前方。

3—4 同 1—2。

5—8 左脚向后一步,向左转体 90°,右脚并于左脚前,向左交叉转体135°面向前,同时右手经前举交换成左手握棍,接着摆至两臂侧举。

(5)1—8 同(1)1—8,换左手做,唯方向相反。

(6)1—8 同(2)1—8,换左手做,唯方向相反。

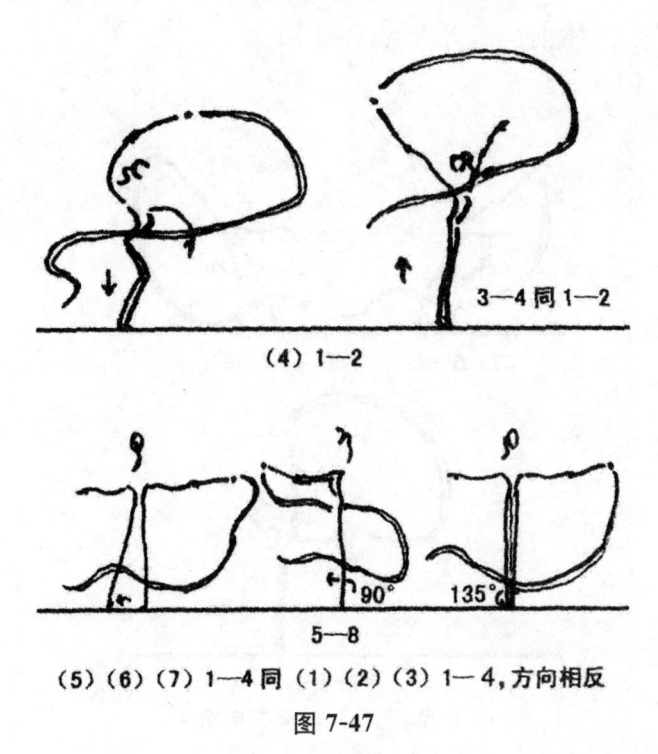

(4) 1—2　　3—4同1—2

5—8

(5)(6)(7)1—4 同 (1)(2)(3)1—4,方向相反

图 7-47

(7)1—4 同(3)1—4,换左手做,唯方向相反。

5—6 右脚向右一步站立,左脚侧点地,同时左手持带经下向右摆至右侧上举,右臂侧举。

7—8 经半蹲向左移重心成左脚站立,右脚侧点地,同时左手持带自右侧经下摆至左侧上举,右臂侧举。

(8)动作如图 7-48 所示。

1—6 同(4)1—6,换左手做,唯方向相反。

7—8 右手持带经前摆至上举,左手前举握带尾。

(9)动作如图 7-49 所示。

1—2 右脚向前一步成右腿屈膝站立,左脚原地屈膝点一次成左腿直腿站立,同时右手持带由右经前向内水平绕环一周,左手握带随右手由侧经上做头上向外水平大绕环一周。

3—4 右脚向后一步成右腿直膝站立,左脚原地屈膝点地一次,同时右手持带由侧经前做头上向内水平大绕环一周,左手握带尾随右手做体前向外水平绕环一周。

5—8 同 1—4。

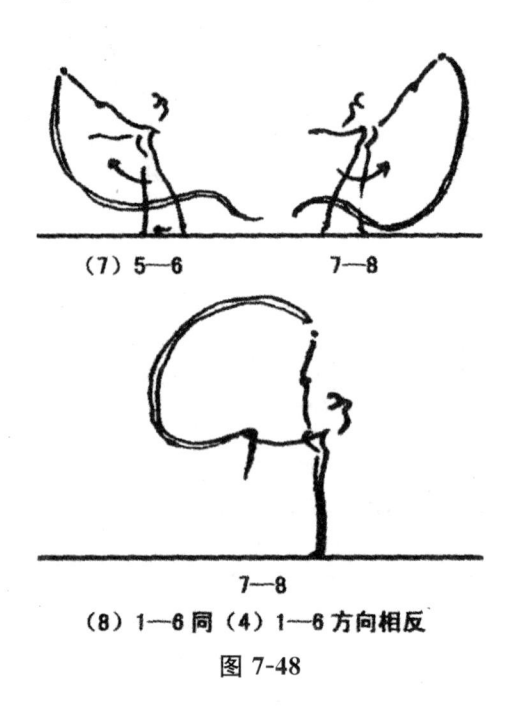

(7) 5—6　　　7—8

7—8
(8) 1—6 同 (4) 1—6 方向相反
图 7-48

(10) 动作如图 7-49 所示。

1—2 向右转体 45°,右手持带由上经下做垂直大绕环一周,左手握带尾体侧屈肘随右手做向前小绕环,同时右脚依次向前屈膝跳过带,眼看正前方。

3—6 同 1—2,动作重复 2 次。

7—8 面向前,右脚向前一步半蹲,左腿屈膝后点地,同时右手持带由后上经前摆至前下举,左手松带尾,左臂自然下垂,低头含胸。

(11) 动作如图 7-50 所示。

1—4 面向左前方,左脚开始向后足尖碎步,同时右手持带前

第七章 艺术体操高难技能训练

举做向内垂直螺形,左臂摆至侧举,眼看带。

5—8 同 1—4 左手做手臂波浪 1 次,眼看左臂。

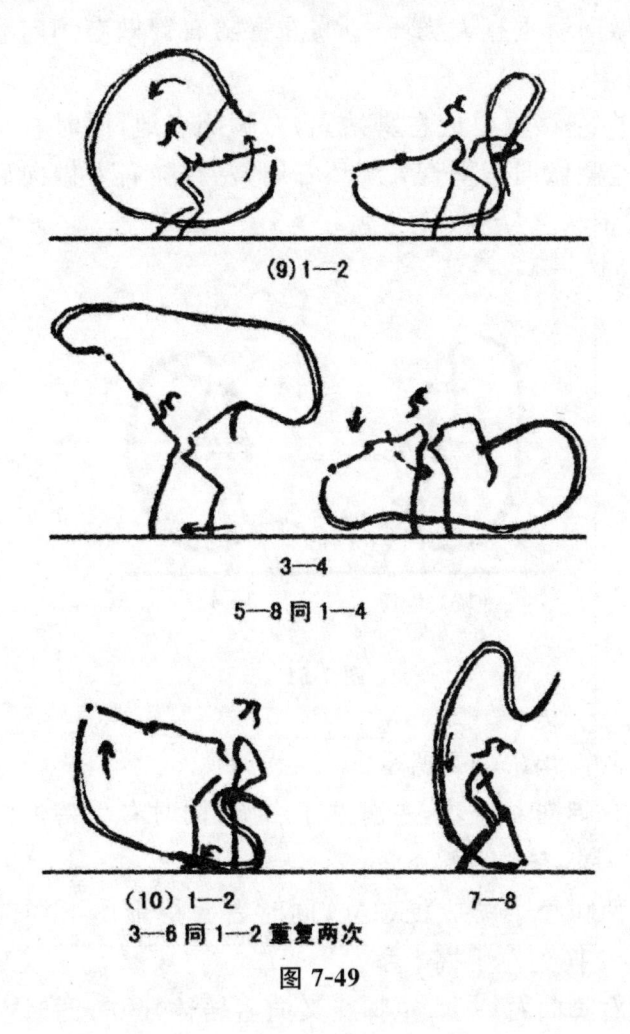

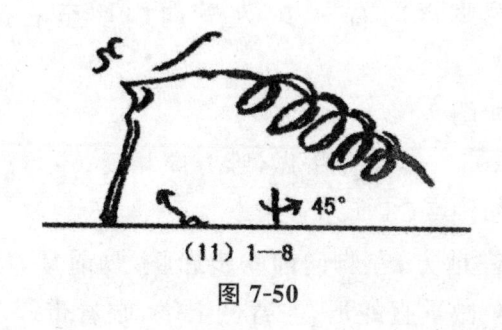

(9) 1—2

3—4

5—8 同 1—4

(10) 1—2　　　　　　　7—8

3—6 同 1—2 重复两次

图 7-49

(11) 1—8

图 7-50

(12)动作如图 7-51 所示。

1—2 面向前,右脚向右一步站立,左脚侧点地,同时右手持带由下经前做向后垂直大绕环一周,左臂随右臂做右侧向后大绕环一周,眼看带。

3—4 向左移重心成左脚站立,右脚侧点地,同时右手持带由下经前向左侧做向后垂直大绕环一周,左臂随右臂做向后大绕环一周,眼看带。

5—8 同 1—4。

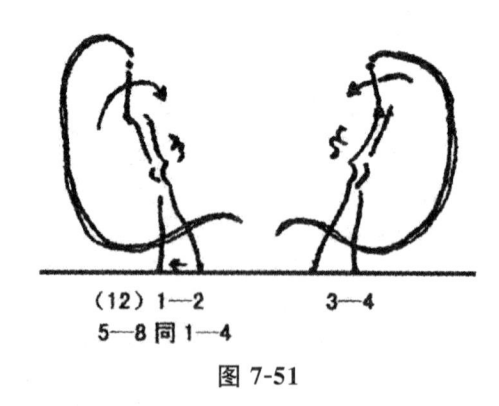

图 7-51

(13)动作如图 7-52 所示。

1—2 右脚向右一步,左脚并于右脚,同时右手持带做向后垂直大绕环一周,左臂自然下垂。

3—4 两腿经半蹲成提踵立,同时右手持带由下经前摆至上举,把带棍交换到左手握上举。

5—8 右脚向右一步,左脚交叉向右转体 360°,同时左手侧举持带棍,接着右脚再向右一步,左臂向内摆至右侧下举,右臂侧举。

(14)动作如图 7-52 所示。

1—8 同(12)1—8,换左手做,唯方向相反。

(15)动作如图 7-53 所示。

1—4 面向左前方,左脚向前一步屈膝,脚前掌着地成弓步,同时持带从右向左做垂直蛇形,左臂侧上举,眼看带。

第七章 艺术体操高难技能训练

5—8 面向前,左脚并于右脚,两脚起踵立,同时右手持带做头上向外水平大绕环一周至侧举,左臂自然下垂。

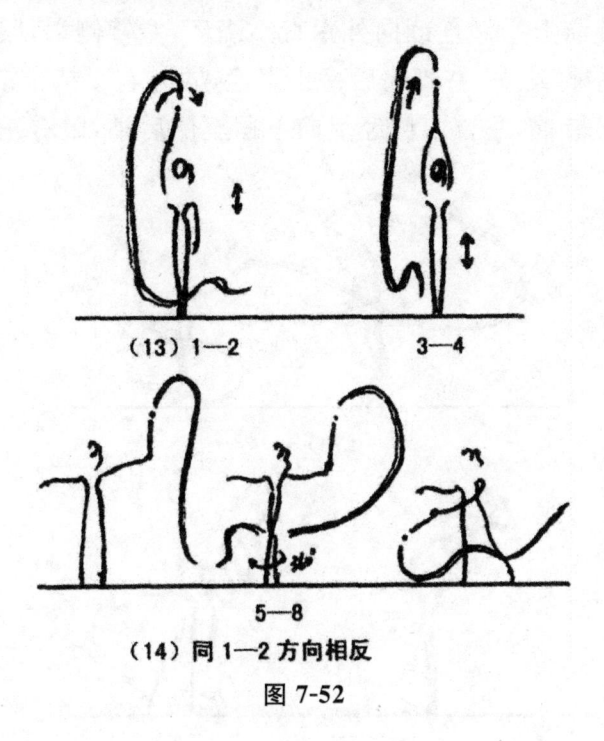

(13) 1—2   3—4

5—8

(14) 同 1—2 方向相反

图 7-52

(15) 1—8

图 7-53

(16)动作如图 7-54 所示。

1—2 两腿稍屈膝,同时右手持带做头上向外水平大绕环一周,左臂侧举。

3—4 两腿稍屈膝,同时右手由前经侧绕至体后交换到左手握带棍,低头含胸。

5—6 面向右前方,右脚向前一步,左脚并于右脚成提踵立,同时右手持带前上举做连续向外垂直小绕环,左臂侧举,眼看带。

7—8 左脚站立,右脚向后一步点地,同时右手持带前上举,带子均匀缠于带棍,左臂由侧经上向下摆至侧后举,眼看正前方。

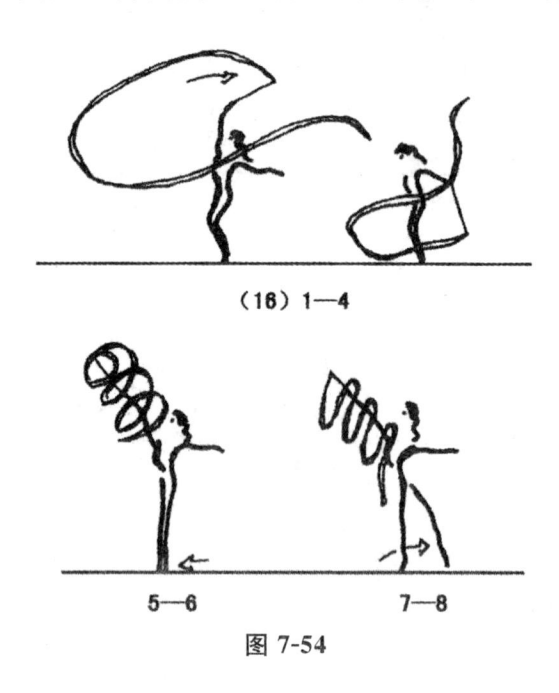

(16) 1—4

5—6   7—8

图 7-54

第八章　艺术体操技能的游戏训练

艺术体操游戏是伴随着人类社会的发展和艺术体操运动的进化而产生的。作为体育游戏的分支，艺术体操游戏融体力、智力、娱乐为一体，成为广大群众，尤其是年轻朋友健身的重要手段，更是艺术体操运动员进行训练的方式之一。本章主要研究艺术体操技能的游戏训练，包括绳、球、带的游戏和机械组合游戏。

第一节　绳的游戏训练

一、正反螺丝转

正反螺丝转运用的技术是绕环缠臂和后摇跑跳过绳技术。

（一）游戏目标

使学生基本掌握绕环缠臂和后摇跑跳过绳的动作方法。

（二）所需器材

绳 2 根。

（三）游戏准备

(1) 教师讲解学习绕环缠臂和后摇跑跳过绳的目的和作用。
(2) 教师完整示范动作。

(3)教师讲解绕环缠臂和后摇跑跳过绳的动作要点。

绕环缠臂动作要点:两手在体前各持绳的一端,右臂自然伸直松握绳,左手持绳一端在右腋下固定,以右手腕为轴灵活地向前(逆时针)绕绳,右臂亦随之做小幅度的绕动,使绳缠绕在右臂上,然后向相反方向绕动。

后摇跑跳过绳动作要点:两手握单绳头于体前侧下举(稍屈肘),以手腕为轴做向后圆形绕动,绳经下时加速摆动,同时两脚依次跳过绳,前脚掌着地并稍屈膝。

(四)游戏方法

(1)将学生分为人数相等的两组,每组学生再分为两组面对面站立,相距8~10米,站立于边线后。

(2)每组第一名学生两手在体前各持绳的一端,听到教师指令开始边跑边连续做向前(逆时针)绕绳四次,使绳缠绕在右臂上;接着左转180°做连续向后(顺时针)绕绳四次;接着做后摇跑跳过绳,连续做四次,然后左转180°两手持绳跑至对面边线,将绳递给下一个学生。

(3)依次进行,至每组最后一名学生完成后结束,根据完成时间确定胜负。

二、西部牛仔

西部牛仔所用到的技术是体侧小绕环、头上小绕环、前摇屈膝交换腿跳等。

(一)游戏目标

使学生基本掌握体侧小绕环、头上小绕环、前摇屈膝交换腿跳的动作方法。

(二)所需器材

绳2根。

第八章　艺术体操技能的游戏训练

（三）游戏准备

（1）教师讲解学习体侧小绕环、头上小绕环、前摇屈膝交换腿跳的目的和作用。

（2）教师完整示范动作。

（3）教师讲解体侧小绕环、头上小绕环、前摇屈膝交换腿跳的动作要点。

体侧小绕环动作要点：两手在体前各持绳的一端，右手再握绳的中段，左臂屈肘持绳于左侧腰际，右臂屈肘持绳在身体右侧，以手腕为轴做圆周运动，手臂随之绕动。

头上小绕环动作要点：两手在体前各持绳的一端，右手再握绳的中段，左臂屈肘持绳于胸前，右手持绳上举，以手腕为轴做圆周运动，手臂随之绕动。

前摇屈膝交换腿跳动作要点：两手握单绳头于体后侧下举（稍屈肘），以手腕为轴做向前圆形绕动，绳经下时加速摆动，同时两脚依次屈膝跳过绳，前脚掌着地并稍屈膝。

（四）游戏方法

（1）将学生分为人数相等的两组，每组学生再分为两组面对面站立，相距8~10米，站立于边线后。

（2）每组第一名学生两手在体前各持绳的一端，右手再握绳的中段，听到教师指令开始边跑边连续做体侧向前小绕环四次、接连续头上向左水平小绕环四次；接着做前摇屈膝交换腿跳，连续做四次，然后两手持绳跑至对面边线，将绳传递给下一个学生。

（3）依次进行，至每组最后一名学生完成后结束，根据完成时间确定胜负。

三、编花接力

编花接力运用的技术是前摇跳、交叉前摇跳、双摇跳等技术。

(一)游戏目标

使学生基本掌握前摇跳、交叉前摇跳、双摇跳的动作方法。

(二)所需器材

绳2根。

(三)游戏准备

(1)教师讲解学习前摇跳、交叉前摇跳、双摇跳的目的和作用。

(2)教师完整示范动作。

(3)教师讲解前摇跳、交叉前摇跳、双摇跳的动作要点。

前摇跳动作要点:两手握单绳头于体后侧下举(稍屈肘),以手腕为轴做向前圆形绕动,绳经下时加速摆动,同时两脚同时跳过绳,前脚掌着地并稍屈膝。

交叉前摇跳动作要点:两手松握绳,两臂体前交叉贴紧躯干,以手腕为轴灵活地由前经下向后用力转动绳。绳向下摆时,两臂尽量伸长,两脚迅速蹬地跳起,绷直脚面,落地时前脚掌着地,屈膝缓冲。

双摇跳动作要点:两手握单绳头于体后侧下举(稍屈肘),以手腕为轴快速做向前圆形绕动两周,同时两脚迅速蹬地跳起,使两周摇绳在一次腾空中完成,落地时前脚掌着地,屈膝缓冲。

(四)游戏方法

(1)将学生分为人数相等的两组,每组学生再分为两组面对面站立,相距8~10米,站立于边线后。

(2)每组第一名学生两手握单绳头于体后侧下举(稍屈肘),听到教师指令开始边跑边做前摇跳接交叉前摇跳,连续做两次;接着做原地双摇跳,连续做两次,然后两手持绳跑至对面边线,将绳递给下一个学生。

(3)依次进行,至每组最后一名学生完成后结束,根据完成时间确定胜负。

四、旋转陀螺

旋转陀螺运用的技术是前摇跳转体180°接后摇跳技术。

(一)游戏目标

使学生基本掌握前摇跳转体180°接后摇跳的动作方法。

(二)所需器材

绳2根。

(三)游戏准备

(1)老师讲解学习前摇跳转体180°接后摇跳的目的和作用。
(2)老师完整示范动作。
(3)老师讲解前摇跳转体180°接后摇跳的动作要点。

前摇跳转体180°接后摇跳动作要点:两手握单绳头体后侧下举(稍屈肘),自体后侧下举用力向上挥摆,以肘为轴向前摇绳,当下落至体前接近垂直部位时,两脚依次屈膝跳过绳,接着两手持绳由体前经体侧向后摆,同时转体180°,以肘为轴向后摇绳,当下落至体后接近垂直部位时,两脚依次屈膝跳过绳,接着两手持绳用力向上挥摆至头上。

(四)游戏方法

(1)将学生分为两组,每组学生再分为两组面对面站立,相距8~10米,站立于边线后。
(2)每组第一名学生两手握单绳头于体后侧下举(稍屈肘),听到教师指令开始边跑边做前摇跳转体180°接后摇跳,接着转体180°,再做一次,然后两手持绳跑至对面边线,将绳递给下一个学生。

(3)依次进行,至每组最后一名学生完成后结束,根据完成时间确定胜负。

五、火线对接

火线对接运用的技术是前摇跑跳过绳技术。

(一)游戏目标

使学生基本掌握前摇跑跳过绳的动作方法。

(二)所需器材

绳2根。

(三)游戏准备

(1)老师讲解学习前摇跑跳过绳的目的和作用。
(2)老师完整示范动作。
(3)老师讲解前摇跑跳过绳的动作要点。

前摇跑跳过绳动作要点:两手握单绳头于体后侧下举(稍屈肘),以手腕为轴做向前圆形绕动,绳经下时加速摆动,同时两脚依次跳过绳,前脚掌着地并稍屈膝。

(四)游戏方法

(1)将学生分为两组,每组学生再分为两组面对面站立,相距8~10米,站立于边线后。

(2)每组面对面站立的两名学生,其中一名学生两手握单绳头于体后侧下举(稍屈肘),听到教师指令开始做前摇跑跳过绳至场地中间,同时另一名学生向前足尖碎步小跑至场地中间,与持绳学生一起做原地前摇小跳两次并接过绳,然后两名学生各自跑至对面边线,将绳递给下一组学生;以此类推。

(3)依次进行,至每组最后一名学生完成后结束,根据完成时间确定胜负。

六、拧麻花

拧麻花运用的技术是体侧绕"8"字和前摇跑跳过绳技术。

(一)游戏目标

使学生基本掌握体侧绕"8"字和前摇跑跳过绳的动作方法。

(二)所需器材

绳 2 根。

(三)游戏准备

(1)老师讲解学习体侧绕"8"字和前摇跑跳过绳的目的和作用。

(2)老师完整示范动作。

(3)老师讲解体侧绕"8"字和前摇跑跳过绳的动作要点。

体侧绕"8"字动作要点:两手在体前各持绳的一端,以肩、肘、腕为轴,使绳在身体两侧沿矢状面连续做两个对称的绕环构成"8"字形。由前向下摆动时,两臂屈肘在左(右)侧垂直绕绳,经下时用力向后摆绳,绳向上摆时两臂自然伸直,两侧绕环交叉在头正中上方。

前摇跑跳过绳动作要点:两手握单绳头于体后侧下举(稍屈肘),以手腕为轴做向前圆形绕动,绳经下时加速摆动,同时两脚依次跳过绳,前脚掌着地并稍屈膝。

(四)游戏方法

(1)将学生分为两组,每组学生再分为两组面对面站立,相距10~12 米,站立于边线后。

(2)每组第一名学生两手在体前各持绳的一端,听到教师指令开始边跑边做体侧绕"8"字,连续做两次;接着做前摇跑跳过绳,连续做四次,然后两手持绳跑至对面边线,将绳递给下一个学生。

(3)依次进行,至每组最后一名学生完成后结束,根据完成时间确定胜负。

第二节　球的游戏训练

一、能量传递

能量传递运用的技术是手臂扶持滚球技术。

(一)游戏目标

使学生基本掌握手臂扶持滚球的动作方法。

(二)所需器材

球2个。

(三)游戏准备

(1)老师讲解学习手臂扶持滚球的目的和作用。
(2)老师完整示范动作。
(3)老师讲解手臂扶持滚球的动作要点。

手臂扶持滚球动作要点:两手体前持球左侧举,右手掌心向内扶球沿左臂内侧滚至胸前,换左手掌心向内扶球,右臂侧举,使球触右臂内侧向右手滚动。

第八章　艺术体操技能的游戏训练

（四）游戏方法

（1）将学生分为两组，每组学生再分为两组面对面站立，相距8～10米，站立于边线后。

（2）每组第一名学生两手体前持球左侧举，听到教师指令开始边跑边做手臂扶持滚球，连续做两次，然后两手持球跑至对面边线，将球递给下一个学生。

（3）依次进行，至每组最后一名学生完成后结束，根据完成时间确定胜负。

二、行星绕抛球

行星绕抛球运用的技术是向外螺形绕"8"字和两手抛接球技术。

（一）游戏目标

使学生基本掌握向外螺形绕"8"字和两手抛接球的动作方法。

（二）所需器材

球2个。

（三）游戏准备

（1）老师讲解学习向外螺形绕"8"字和两手抛接球的目的和作用。

（2）老师完整示范动作。

（3）老师讲解向外螺形绕"8"字和两手抛接球的动作要点。

向外螺形绕"8"字动作要点：一手正托球前举，以肩为轴，由前举向外在头上水平大绕环至侧下举反托球，接着以肘为轴，屈肘经后向内水平中绕环至前举。

两手抛接球动作要点：两手持球前举,通过手臂的摆动,将球掷向空中。接球时,判断好球的落点,伸臂迎球,当手指尖接触球时,手臂随球下落,球滚落至掌心接住球。

(四)游戏方法

(1)将学生分为两组,每组学生再分为两组面对面站立,相距8~10米,站立于边线后。

(2)每组第一名学生右手正托球前举,听到教师指令开始边跑边做向外螺形绕"8"字至场地中间,接着两手持球前举,将球抛给对面同伴,然后迅速跑至对面同伴的队尾。

(3)依次进行,至每组最后一名学生完成后结束,根据完成时间确定胜负。

三、追逐赛跑

追逐赛跑运用的技术是地上向前直线滚动技术。

(一)游戏目标

使学生掌握地上向前直线滚动的动作方法。

(二)所需器材

球2个。

(三)游戏准备

(1)老师讲解学习地上向前直线滚动的目的和作用。
(2)老师完整示范动作。
(3)老师讲解地上向前直线滚动的动作要点。

地上向前直线滚动动作要点：左腿站立,右腿屈膝后点地,右手正托球下举,左腿半蹲,上体前屈,右手将球置于体侧地上做向前拨球,然后向前足尖碎步小跑成左腿半蹲,右腿屈膝后点地,右手掌心向上后伸铲球。

(四)游戏方法

(1)将学生分为两组,每组学生再分为两组面对面站立,相距8～10米,站立于边线后。

(2)每组第一名学生右手正托球下举,听到教师指令开始做地上向前直线滚动,然后两手持球跑至对面边线,将球递给下一个学生。

(3)依次进行,至每组最后一名学生完成后结束,根据完成时间确定胜负。

四、背滚球接力

背滚球接力运用的技术是双手胸背滚球技术。

(一)游戏目标

使学生基本掌握双手胸背滚球的动作方法。

(二)所需器材

球2个。

(三)游戏准备

(1)老师讲解学习双手胸背滚球的目的和作用。
(2)老师完整示范动作。
(3)老师讲解双手胸背滚球的动作要点。
双手胸背滚球动作要点:两手腹前持球,扶球沿胸、肩的右侧滚动,当球滚至手指尖时向上拨球,同时挺胸看球,稍向左偏头,球经右肩滚至后背时稍含胸、低头,双手于后腰部接球。

(四)游戏方法

(1)将学生分为两组,每组学生再分为两组面对面站立,相距

8～10米，站立于边线后。

(2)每组第一名学生两手腹前持球,听到教师指令开始边跑边做双手胸背滚球,连续做两次,然后两手持球跑至对面边线,将球递给下一个学生。

(3)依次进行,至每组最后一名学生完成后结束,根据完成时间确定胜负。

五、跳动的皮球

跳动的皮球运用的技术是单手拍球技术。

(一)游戏目标

使学生基本掌握单手拍球的动作方法。

(二)所需器材

球2个。

(三)游戏准备

(1)老师讲解学习单手拍球的目的和作用。
(2)老师完整示范动作。
(3)老师讲解单手拍球的动作要点。

单手拍球动作要点:用一手掌心向下压按球的上方,使球从地上反弹起来,当球弹起接近最高点时,再用手向下压按球。

(四)游戏方法

(1)将学生分为两组,每组学生再分为两组面对面站立,相距8～10米,站立于边线后。

(2)每组第一名学生右手正托球下举,听到教师指令开始做向前移动拍球一次,同时左脚向前并步一次,连续进行至对面边线,将球递给下一个学生。

(3)依次进行,至每组最后一名学生完成后结束,根据完成时间确定胜负。

六、上下传球接力

上下传球接力运用的技术是地上向前直线滚动和单手抛接球技术。

(一)游戏目标

使学生基本掌握地上向前直线滚动和单手抛接球的动作方法。

(二)所需器材

球2个。

(三)游戏准备

(1)老师讲解学习地上向前直线滚动和单手抛接球的目的和作用。

(2)老师完整示范动作。

(3)老师讲解地上向前直线滚动和单手抛接球的动作要点。

地上向前直线滚动动作要点:左腿站立,右腿屈膝后点地,右手正托球下举,左腿半蹲,上体前屈,右手将球置于体侧地上做向前拨球,然后向前足尖碎步小跑成左腿半蹲,右腿屈膝后点地,右手掌心向上后伸铲球。

单手抛接球动作要点:一手正托球前举,通过手臂的摆动,将球掷向空中。接球时,判断好球的落点,伸臂迎球,当手指尖接触球时,手臂随球下落,球滚落至掌心接住球。

(四)游戏方法

(1)将学生分为两组,每组学生再分为两组面对面站立,相距

8～10米，站立于边线后。

(2)每组第一名学生右手正托球下举，听到教师指令后将球抛给对面同伴，接着迅速跑至对面同伴的队尾；对面同伴两手接球后再将球滚给对面同伴，接着迅速跑至对面同伴的队尾；以此类推。

(3)依次进行，至每组最后一名学生完成后结束，根据完成时间确定胜负。

第三节　带的游戏训练

一、飞舞的彩带

飞舞的彩带运用的是螺形技术。

(一)游戏目标

使学生基本掌握螺形的动作方法。

(二)所需器材

带2副。

(三)游戏准备

(1)老师讲解学习螺形的目的和作用。
(2)老师完整示范动作。
(3)老师讲解螺形的动作要点。

螺形动作要点：单手持带棍，以手腕为轴，手沿顺时针或逆时针方向快速、均匀地做小绕环，带成一串(5～6个)大小、距离相等的环状图形。

第八章　艺术体操技能的游戏训练

(四)游戏方法

(1)将学生分为两组,每组学生再分为两组面对面站立,相距8~10米,站立于边线后。

(2)每组第一名学生右手持带棍后举,听到教师指令,学生足尖碎步向前跑,同时右臂在体后做顺时针小绕环,带的环状图形与地面垂直,至对面边线,将带棍递给下一个学生。

(3)依次进行,至每组最后一名学生完成后结束,根据完成时间确定胜负。

二、小画家

小画家运用的技术是绕"8"字技术。

(一)游戏目标

使学生基本掌握绕"8"字的动作方法。

(二)所需器材

带 2 副。

(三)游戏准备

(1)老师讲解学习绕"8"字的目的和作用。
(2)老师完整示范动作。
(3)老师讲解绕"8"字的动作要点。
绕"8"字动作要点:单手持带棍,以肩、肘、腕为轴,使带在不同部位、不同平面上连续做两个对称的绕环,使带运动的轨迹形成"8"字形。

(四)游戏方法

(1)将学生分为两组,每组学生再分为两组面对面站立,相距

8～10米,站立于边线后。

(2)每组第一名学生右手持带棍前举,背对前进方向,听到教师指令,学生足尖碎步后退,同时右臂在体前做绕"8"字,带的"8"字图形与地面垂直,至对面边线,将带棍递给下一个学生。

(3)依次进行,至每组最后一名学生完成后结束,根据完成时间确定胜负。

三、彩云追月

彩云追月运用的技术是蛇形技术。

(一)游戏目标

使学生基本掌握蛇形的动作方法。

(二)所需器材

带2副。

(三)游戏准备

(1)老师讲解学习蛇形的目的和作用。
(2)老师完整示范动作。
(3)老师讲解蛇形的动作要点。

蛇形动作要点:单手持带棍,以手腕为轴,使带在不同部位、不同平面上向不同方向做连续快速的小摆动,带成一串(5～6个)大小、距离相等的波浪图形。

(四)游戏方法

(1)将学生分为两组,每组学生再分为两组面对面站立,相距8～10米,站立于边线后。

(2)每组第一名学生右手持带棍上举,听到教师指令,学生足尖碎步向前跑,同时右臂在头上做左右小摆动,带呈波浪图形,至对面边线,将带棍递给下一个学生。

(3)依次进行,至每组最后一名学生完成后结束。

四、金蛇狂舞

变换蛇形跑运用的技术是蛇形技术。

(一)游戏目标

使学生基本掌握蛇形的动作方法。

(二)所需器材

带 2 副。

(三)游戏准备

(1)老师讲解学习蛇形的目的和作用。
(2)老师完整示范动作。
(3)老师讲解蛇形的动作要点。

蛇形动作要点:单手持带棍,以手腕为轴,使带在不同部位、不同平面上向不同方向做连续快速的小摆动,带成一串(5~6个)大小、距离相等的波浪图形。

(四)游戏方法

(1)将学生分为两组,每组学生再分为两组面对面站立,相距8~10米,站立于边线后。

(2)每组第一名学生右手持带棍上举,听到教师指令,学生足尖碎步向前跑至场地中间,同时右臂在头上做左右小摆动,带呈波浪图形,带由头上下落至体前;接着在体前做由左向右的上下小摆动,带的波浪图形与地面垂直,同时向右转体360°;接着右臂经侧摆至上举在头上做左右小摆动,跑至对面边线,将带棍递给下一个学生。

(3)依次进行,至每组最后一名学生完成后结束,根据完成时间确定胜负。

五、你追我赶

你追我赶运用的技术是绕"8"字技术。

(一)游戏目标

使学生基本掌握绕"8"字的动作方法。

(二)所需器材

带2副。

(三)游戏准备

(1)老师讲解学习绕"8"字的目的和作用。
(2)老师完整示范动作。
(3)老师讲解绕"8"字的动作要点。

绕"8"字动作要点:一手持带棍,以肩、肘、腕为轴,另一手持带尾,使带在不同部位、不同平面上连续做两个对称的绕环,使带运动的轨迹形成"8"字形。

(四)游戏方法

(1)将学生分为两组,每组学生再分为两组面对面站立,相距8~10米,站立于边线后。
(2)每组第一名学生右手持带棍前举,左手持带尾,背对前进方向,听到教师指令,学生足尖碎步后退,同时做体前和头上绕"8"字,带的"8"字图形与地面水平,连续进行至对面边线,将带棍递给下一个学生。
(3)依次进行,至每组最后一名学生完成后结束,根据完成时间确定胜负。

六、动感五环

动感五环运用的技术是螺形技术。

(一)游戏目标

使学生基本掌握螺形的动作方法。

(二)所需器材

带 2 副。

(三)游戏准备

(1)老师讲解学习螺形的目的和作用。
(2)老师完整示范动作。
(3)老师讲解螺形的动作要点。

螺形动作要点:单手持带棍,以手腕为轴,手沿顺时针或逆时针方向快速、均匀地做小绕环,带成一串(5~6个)大小、距离相等的环状图形。

(四)游戏方法

(1)将学生分为两组,每组学生再分为两组面对面站立,相距8~10米,站立于边线后。

(2)每组第一名学生右手持带棍前举,背对前进方向,听到教师指令,学生足尖碎步后退至场地中间,同时右臂在体前做顺时针小绕环;接着在体前做由左向右顺时针小绕环,同时向右转体360°;接着右臂在体前做顺时针小绕环,后退至对面边线,将带棍递给下一个学生。

(3)依次进行,至每组最后一名学生完成后结束,根据完成时间确定胜负。

第四节　器械组合游戏训练

一、舞彩飞扬

舞彩飞扬运用的技术是转动球和蛇形(带)技术。

(一)游戏目标

使学生基本掌握转动球和蛇形(带)的动作方法。

(二)所需器材

球2个、带2副。

(三)游戏准备

(1)老师讲解学习转动球和蛇形(带)的目的和作用。
(2)老师完整示范动作。
(3)老师讲解转动球和蛇形(带)的动作要点。

转动球动作要点：两手上下持球于胸前，下面的手用手背托住球的下部，上面的手用掌心向下扶住球的上部。上面的手向前同时下面的手背向后搓动球，使球在两手的手心、手背上向前转动。

蛇形(带)动作要点：单手持带棍，以手腕为轴，使带在不同部位、不同平面上向不同方向做连续快速的小摆动，用力平稳，使带形成一串(5~6个)大小、距离相等的波浪图形。

(四)游戏方法

(1)将学生分为两组，每组学生再分为两组面对面站立，相距8~10米，站立于边线后。

(2)每组面对面站立的两名学生,其中一名学生两手上下持球于胸前,另一名学生右手持带棍后举;听到教师指令,持球学生做转动球跑至场地中间,同时持带学生在体后做上下小摆动跑至场地中间;接着持球学生右手正托球侧举,持带学生做体侧上下小摆动,两名学生左手侧上举,掌心相对,逆时针跑一圈;然后两名学生持器械各自跑至对面边线,将器械递给下一组学生;以此类推。

(3)依次进行,至每组最后一名学生完成后结束,根据完成时间确定胜负。

二、同步进行曲

同步进行曲运用的技术是前摇跑跳过绳和手臂扶持滚球技术。

(一)游戏目标

使学生基本掌握前摇跑跳过绳和手臂扶持滚球的动作方法。

(二)所需器材

绳2根、球2个。

(三)游戏准备

(1)老师讲解学习前摇跑跳过绳和手臂扶持滚球的目的和作用。

(2)老师完整示范动作。

(3)老师讲解前摇跑跳过绳和手臂扶持滚球的动作要点。

前摇跑跳过绳动作要点:两手握单绳头于体后侧下举(稍屈肘),以手腕为轴做向前圆形绕动,绳经下时加速摆动,同时两脚依次跳过绳,前脚掌着地并稍屈膝。

手臂扶持滚球动作要点:两手体前持球左侧举,右手掌心向内扶球沿左臂内侧滚至胸前,换左手掌心向内扶球,右臂侧举,使球触右臂内侧向右手滚动。

(四)游戏方法

(1)将学生分为两组,每组学生再分为两组面对面站立,相距8~10米,站立于边线后。

(2)每组面对面站立的两名学生,其中一名学生两手握单绳头于体后侧下举(稍屈肘),另一名学生两手体前持球左侧举;听到教师指令,持绳学生做前摇跑跳过绳至场地中间,同时持球学生做扶持滚动跑至场地中间,与持绳学生一起做原地前摇小跳两次,然后两名学生持器械各自跑至对面边线,将器械递给下一组学生;以此类推。

(3)依次进行,至每组最后一名学生完成后结束,根据完成时间确定胜负。

三、滚球射门

滚球射门运用的技术是向后小绕环(棒)和地上向前直线滚动(球)技术。

(一)游戏目标

使学生基本掌握向后小绕环(棒)和地上向前直线滚动(球)的动作方法。

(二)所需器材

球2个、棒2副。

(三)游戏准备

(1)老师讲解学习向后小绕环(棒)和地上向前直线滚动(球)的目的和作用。

第八章　艺术体操技能的游戏训练

(2)老师完整示范动作。

(3)老师讲解向后小绕环(棒)和地上向前直线滚动(球)的动作要点。

向后小绕环(棒)动作要点:两臂伸直、下垂,两手松握棒头,手腕发力带动棒体做以手腕为轴的向后圆形动作。棒头在拇指、中指、食指握棒的虎口或掌心内灵活转动,棒体沿两臂的外侧做连续向后垂直地面的转动。

地上向前直线滚动(球)动作要点:左腿站立,右腿屈膝后点地,右手正托球下举,左腿半蹲,上体前屈,右手将球置于体侧地上做向前拨球,然后向前足尖碎步小跑成左腿半蹲,右腿屈膝后点地,右手掌心向上后伸铲球。

(四)游戏方法

(1)将学生分为两组,每组学生再分为两组面对面站立,相距8~10米,站立于边线后。

(2)每组面对面站立的两名学生,其中一名学生两臂伸直、下垂,两手松握棒头;另一名学生右手正托球下举。听到教师指令,握棒学生做连续向后小绕环跑至场地中间,将两棒立在地上,两棒之间距离50厘米;接着持球学生做地上向前直线滚动,使球从两棒中间滚过;然后两名学生交换器械,持器械各自跑至对面边线,将器械递给下一组学生;以此类推。

(3)以球从两棒中间滚过为完成界限,依次进行,至每组最后一名学生完成后结束,根据完成时间确定胜负。

第九章 艺术体操拓展项目技能训练

除了艺术体操之外,还有一些项目和艺术体操有着异曲同工之妙,它们在动作、风格、编排上和艺术体操有共通之处,值得艺术体操运动借鉴和学习。艺术体操拓展项目包括健美操、啦啦操、排舞和瑜伽。本章对以上项目的技能训练展开细致地研究与分析。

第一节 健美操

一、健美操运动概述

健美操是以有氧运动为基础,以身体练习为基本手段,配合音乐节奏所进行的一种体育运动项目。健美操不仅表现出健、力、美的特征,同时还具有健身性、竞技性、娱乐性以及观赏性等价值。

在西方国家,健美操也被称作"有氧体操"。健美操运动是在氧气供应充足的情况下,以有氧系统提供能量的一种运动形式。持续一定时间的、中低强度的有氧运动是健美操的特征。健美操主要是发展身体各部位的协调性与柔韧性,锻炼运动者的心肺功能,是进行有氧耐力训练的一种有效方式。

在长时间的实践发展过程中,健美操逐渐发展成为一项独立的体育竞赛项目,在运动形式、动作技术特征以及竞赛组织方法

第九章　艺术体操拓展项目技能训练

等方面都具有其自身的特点。

二、健美操基本技能训练

（一）基本轴控制训练

1. 背靠墙站立控制训练

练习者双脚并拢,背靠墙站立,同时后脑、双肩、背、臀和小腿紧贴墙壁,足跟离墙 3 厘米左右。体会身体垂直轴控制的感觉。注意练习时双腿及臀部要夹紧,收腹挺胸,立腰立背,肩胛骨下旋同时双肩下沉,下颌微收,头向上顶,背部成一平面。

2. 站立控制训练

练习者双腿夹紧,收腹挺胸,立腰立背,肩胛骨下旋同时双肩下沉,在没有墙壁支撑的情况下进行练习。注意练习时身体用力感与有墙面支撑物相同,不断体会这种身体姿态的感觉。

3. 双手叉腰,提踵行进间垂直轴控制训练

练习者在双手叉腰提踵站立控制练习基础上,提踵行进间走,可向前或向后行走,使人体在移动重心的情况下进行垂直轴控制练习。

4. 双手叉腰提踵站立控制训练

练习者在站立控制练习基础上,双手叉腰,同时双足提踵,使人体在提高重心的情况下进一步提高身体垂直轴控制能力。注意体会后背的感觉和身体垂直轴的控制。

5. 原地纵跳控制训练

练习者在站立控制练习的基础上,双膝微屈,蹬地向上,借助

踝关节力量,向上纵跳。动作过程中,腰腹、臀部收紧,身体成一条直线,感受身体垂直轴的控制。做该动作时要注意提气、收腹、立腰,头尽量往上顶,落地时注意缓冲。

6. 负重原地纵跳控制训练

练习者在原地纵跳控制练习的基础上,脚踝关节上绑上沙包,使人体在增加负荷的情况下进行身体垂直轴控制练习。

(二)身体弹动训练

1. 蹬伸训练

练习者一脚踏在踏板上,然后用力快速向上蹬直,保持身体垂直轴的控制,两腿依次进行。

2. 负重蹬伸训练

练习者小腿绑沙包做蹬伸练习,使身体在增加负荷的情况下进行练习。两腿依次进行,反复进行。

3. 负重提踵训练

练习者单脚或双脚站在踏板上,并在踝关节绑上沙包做提踵练习,做该动作时注意是用脚踝的力量往上提。

4. 原地屈膝弹动训练

练习者根据音乐节拍有节奏地屈伸踝、膝关节,脚尖不离地面。手臂随下肢做一些辅助动作(如叉腰或手臂同时前后摆动)。音乐速度可采取先慢后快的方式,反复练习。

5. 弹动踏步训练

练习者根据音乐节拍踏步,手臂配合下肢依次前后摆动。踏步动作过程中摆动腿屈膝抬起时,支撑腿同时微屈膝,摆动腿落

第九章　艺术体操拓展项目技能训练

地时支撑腿也伸直。做此练习时可以先慢节拍进行练习(如两拍一动),根据熟练程度逐步加快节奏。首先做直立踏步练习,再做弹动踏步练习,体会不同的动作感觉。

6.弹动纵跳训练

此动作共4拍。1、2拍原地屈膝弹动,手臂配合下肢同时前后摆动。3拍向上纵跳,手臂顺势上摆至上举。4拍落地缓冲,手臂顺势下摆至体侧。

7.负重连续纵跳训练

练习者在脚踝关节上绑上沙包,然后半蹲,手臂后摆,足蹬伸时往上纵跳,手臂顺势往上摆动,落地后屈膝缓冲紧接着继续往上纵跳,连续进行,落地时注意缓冲,起跳后身体收紧。

8.踏步训练

练习者上体直立,脚踏下时脚尖过渡到全脚掌落地,支撑腿落地时膝关节伸直,两臂屈肘体侧自然前后摆动。再进行弹动性踏步训练,脚尖接触地面后踝关节有控制地过渡到全脚掌,支撑腿落地时膝关节微屈,使两腿有同时屈膝的过程,两臂屈肘体侧自然前后摆动。

9.弹踢训练

要求练习者一条支撑腿膝踝关节弹动的同时,另一条腿有控制的进行弹踢小腿,膝踝关节有控制的伸展。可进行单腿不间断地弹踢,也可两条腿交替练习。在两条腿交替弹踢的过程中,支撑腿踝关节始终保持有弹性的屈伸,原地动作练得熟练且有一定弹性时,可以进行行进间的弹踢训练。

10.吸腿跳和跳踢腿训练

此动作主要是训练支撑腿的膝踝关节弹动性,要求练习者支撑腿膝踝关节弹动的同时,另一条腿提膝或向前大踢腿,支撑腿足跟始终不完全落地,有控制的弹动,膝关节始终保持微屈的弹动状态。注意首先连续吸或踢一条腿,练习一条腿的弹动性,之后再进行交换腿吸腿跳和跳踢腿练习。

11. 开合跳训练

开合跳的弹动性体现在两腿分开与两腿并拢的两处弹动上。要求练习者先做两腿开立位置上的弹动训练,再做两腿并拢位置上的弹动训练,最后做一开一合的连续做开合跳练习。

12. 原地连续小纵跳训练

练习者两脚并拢,足尖始终不离开地面,足跟随音乐节奏抬起落下,两臂屈肘于体侧前后自然摆动,做踝关节屈伸的训练。

13. 原地髋、膝关节弹动性训练

练习者两脚并拢,脚随着音乐节奏抬起落下,同时膝关节伸直屈伸,脚跟始终不离开地面,两臂屈肘于体侧自然前后摆动。

(三)身体姿态训练

1. 站立姿态训练

(1)颈部训练

练习者的颈部自然挺直,微收下颌,眼看前方,头部保持正直。可以在头上放一本书以保持平衡,并能在保持平衡的基础上进行移动练习。

(2)肩部训练

练习者将两肩垂直向上耸起,当两肩有酸痛感后再把两肩用力下垂。反复练习,结束后充分放松。

(3)臀部训练

练习者两脚并拢站立,躯干保持直立。脚掌用力下压,臀部

第九章　艺术体操拓展项目技能训练

和大腿肌肉用力收紧,并略微向上提髋。反复练习。

(4)腹部训练

练习者在收紧臀部的同时,使腹部尽量用力向内收紧,并用力向上提气,促使身体向上提高,坚持片刻,然后放松。反复练习。

(5)背靠墙站立姿态训练

练习者两脚并拢,同时头、肩胛骨和臀贴墙壁,足跟离墙3厘米左右。注意用胸式呼吸,在提气中做此动作。做此练习时,双腿夹紧,收腹挺胸,立腰立背,紧臀,肩胛骨下旋,同时双肩下沉,下颌略回收,头向上顶,背部成一平面。

(6)站立姿态训练

练习者在背靠墙站立姿态练习基础上,脱离墙的支撑,体会站立时肌肉的细微感觉。进行反复练习,注意呼吸的均衡。

2.头颈部姿态训练

(1)低头训练

练习者两手叉腰,立正站好。挺胸,下颌贴住锁骨窝处,颈部伸长,之后还原。速度先慢后快,注意体会低头时肌肉的控制感觉。

(2)抬头训练

练习者两手叉腰,立正站好。头颈后屈,然后还原。速度先慢后快,注意体会抬头时肌肉的控制感觉。

(3)左转训练

练习者两手叉腰,立正站好。头向左转动,下颌对准左肩,然后还原。速度先慢后快,注意体会左转头时肌肉的控制感觉。

(4)右转训练

练习者两手叉腰,立正站好。头向右转动,下颌对准右肩,然后还原。速度先慢后快,注意体会右转头时肌肉的控制感觉。

(5)左侧屈训练

练习者两手叉腰,立正站好。头向左侧屈(左耳向左肩的方向),然后还原。

(6)右侧屈训练

练习者两手叉腰,立正站好。头向右侧屈(右耳向右肩的方向),然后还原。

3.上肢姿态训练

(1)手型训练

①基本掌型训练

一般来说,健美操的基本掌型分为五指分开和五指并拢两种类型。五指分开手型的基本要求是五指伸直用力到指尖,尽量分开至手掌的最大面积且在一平面上;五指并拢手型的基本要求是五指并拢,大拇指第一指关节略弯曲,其他四指伸直,五指保持在同一平面内。在训练时,要求练习者首先要根据基本掌型的要求将掌型控制好,然后再进行不同平面上的掌型训练。

②拳的训练

在健美操中,拳相对于其他手型更能表现出动作力度的感觉,如实心拳等。

③指的训练

竞技与健美操的发展,促进了指的手型动作的出现。如剑指,即大拇指、无名指和小拇指弯曲,食指和中指并拢伸直。

④特殊风格手型训练

健美操音乐的多样化,决定了表现其风格的手型动作的多样化。由于吸收了不同的文化,使得健美操中出现了西班牙手型和阿拉伯手型等特殊风格的手型。

(2)手臂基本位置训练

①两臂前举训练。练习者两臂由下举向前绕至前举,两臂间距与肩同宽,五指并拢或分开,掌心向对或向上、向下、握拳等。

②两臂上举训练。练习者两臂经前绕至上举,双臂间距与肩同宽。

③两臂侧举训练。练习者两臂经侧绕至侧举。掌心可向上

第九章　艺术体操拓展项目技能训练

或向下。

④两臂后举训练。练习者两臂经前向后绕至后下举,手臂尽量向后,臂距与肩同宽。

⑤两臂前上举训练。练习者两臂经前绕至与前举与上举夹角为45°的位置或前侧上举。

⑥两臂前下举训练。练习者两臂经前绕至与前举与下举夹角为45°的位置或前侧下举。

⑦两臂胸前平屈训练。练习者两臂屈肘至胸前,大小臂都与地面平行,前臂平行于额状轴,小臂距胸10厘米左右。

⑧双臂侧举屈肘训练。练习者双臂侧举同时屈肘,使前臂和上臂成90°。

4.躯干姿态训练

(1)躯干稳定性训练

①负重仰卧起坐训练

练习者仰卧,两手持实心球控制在胸前,使球尽量接近下颌。可根据个人实际肌力水平,采用不同重量的实心球,如2~3公斤的实心球。经过一段时间训练,可以逐步增加实心球的重量。由仰卧至起坐的过程是腰腹肌做克制(向心)工作,完成时速度要稍快些,由坐起再返回到仰卧姿势,腰腹肌则是做退让(离心)工作,身体回倒时速度放慢,一般是控制在起坐时间的一倍为宜;如果速度过快,动作的实质是以重力来完成的,这样腰腹肌锻炼效果就大大减小。这一练习收缩强度较大,训练注意负荷重量和起坐的适宜速度。

②健身球俯卧撑训练

练习者俯卧、两手撑地支撑起身体,两脚背放于健身球上,含胸收腹。可根据个人实际肌力水平,调整两臂和健身球的距离,通常是一臂半的距离。经过一段时间训练,可以逐步增大距离。两臂由直臂到屈臂躯干是做退让(离心)工作,身体下降时速度放慢,一般是控制在向上时间的一倍为宜,如果下降的速度过快,动作的实质是以重力来完成的,就会使躯干稳定性的锻炼效果就大大减小。两臂由屈臂到直臂的过程是躯干做克制(向心)工作,完成时速度要稍快些,这一练习要求控制能力强度较大,训练时注意躯干的稳定和俯卧撑的适宜速度。

(2)躯干灵活性训练

练习者首先做左右依次提肩,同时提两肩,左右依次前后绕肩和双肩同时绕等肩关节运动,然后做顶髋、绕髋等髋关节运动,最后做躯干前后左右的移动练习,以提高躯干、肩、髋关节的灵活性。

(四)动作幅度训练

1.皮筋训练法

(1)上肢训练

①腕屈伸训练

练习者两腿站在橡皮筋中央,两手握住皮筋两头,侧举,拉紧橡皮筋。腕屈时,拳心向上,双手克服橡皮筋的拉力向上屈;腕伸时,拳心向下,双手克服橡皮筋的拉力向上伸。这一训练可发展前臂肌肉力量。训练时应注意拳心的方向,使屈伸方向与橡皮筋拉力方向相反。

②腕外展内收训练

练习者两脚站在橡皮筋中央,两手握住皮筋两头,侧举,拉紧橡皮筋。外展时,立拳,拳心向前,手腕用力方向与拉力方向相反;内收时,立拳,拳心向后,手腕用力方向与拉力方向相反。这一训练可发展前臂肌肉力量。训练时应注意手腕与前臂在同一平面内运动。

③臂外展训练

练习者两腿站在橡皮筋中央,两手握住两头,两臂放于体侧,拉紧皮筋,两臂经体侧向上运动,再放下。这一训练可发展三角肌、胸大肌等肌肉力量。训练时应注意两臂始终与身体在同一平面内。向上和放下的速度应有所控制,匀速上下。

第九章 艺术体操拓展项目技能训练

④前臂屈伸训练

练习者两腿站在橡皮筋中央,两手握住两头,放于体前,拉紧橡皮筋,上臂固定,前臂屈,再伸至原位。这一训练可发展肱二头肌、肱三头肌肌肉力量。训练时应注意上臂应固定,不可跟随前臂运动,以免减小锻炼效果。运动速度应有所控制,匀速屈伸。

⑤上臂屈伸训练

练习者两腿站在橡皮筋中央,两手握住两头,两臂放于体侧,拳心相对。臂屈时,直臂向前抬起,拉紧皮筋,再放下;臂伸时,直臂向后抬起,拉紧皮筋,再放下。此训练可发展胸大肌、肱二头肌等肌肉力量。训练时应注意臂屈伸时,向前屈和向后伸的幅度应尽量增大,以增加训练效果。另外运动速度应有所控制,匀速运动。

(2)腹背部训练

①体前屈训练

练习者两腿分开站在橡皮筋中央,橡皮筋经体后至头后,两臂屈肘,头后握住橡皮筋两头,上体向前屈,再起来。这一训练可锻炼腹背肌力量。训练时注意两腿伸直,上体向上起时运动速度不可太快,应有控制的匀速上下。

②体侧屈训练

练习者两腿分开站在橡皮筋中央,一手握住皮筋一端,另一手放松于体侧,拉紧皮筋。上体向另一侧屈,还原,再换另一手握皮筋练习。这一训练可发展腹直肌、腹外斜肌、腹内斜肌肌肉力量。训练时注意两腿伸直,身体和手臂在同一平面内。

(3)下肢训练

练习者两腿分开站在橡皮筋中央,橡皮筋经体后至头后,两臂屈肘,头后握住橡皮筋两头,拉紧皮筋,两腿屈膝下蹲,再站起。这一训练可发展臀部、腿部力量。注意下蹲时皮筋拉紧,腰腹收紧,下蹲速度应有所控制,不可太快,起来时可加快速度起。

2.身体柔韧性训练

(1)上肢柔韧性训练

①各种徒手体操中活动肩、肘、髋关节的动作训练。

②两手握肋木直臂压肩训练。

③两手向后握肋木向前探肩训练。

④与同伴互扶俯身正侧压肩训练。

(2)下肢柔韧性训练

①正压腿。练习者支撑腿脚尖朝正前方,膝关节伸直,髋关节摆正,抬头挺胸屈上体。

②后压腿。练习者髋关节摆正,屈支撑腿,抬头挺胸上体后仰压胯。

③侧压腿。练习者支撑腿脚尖膝盖所朝方向与被压腿方向成 90°,膝关节伸直,髋关节充分展开,抬头挺胸侧屈上体。

④劈叉控腿。练习者左腿在前或右腿在前,以劈叉的姿势呆住不动,控制 5 分钟。也可架高劈叉控腿。

(3)躯干柔韧性训练

①体侧屈。练习者双脚并拢或开立与肩同宽,双手举起于头顶上互撑,由手带动躯干侧屈直到最大极限,保持该拉伸状态 10 秒。

②体转。练习者两脚并拢或开立与肩同宽,两肩侧平举,向左转动时以左肩带动躯干左转到最大限度控制 10 秒钟,向右转动时以右肩带动躯干右转到最大限度保持 10 秒。

③体后屈。练习者两手握肋木,两腿并拢或开立与肩同宽,抬头挺胸上体后仰到最大限度位置保持 10 秒。

(五)移动重心训练

1.向前移重心训练

练习者两手叉腰,立正站好。左腿前擦地,右腿蹬地重心迅速前移成右腿后点地。收右腿还原成预备姿势。反方向重做一次。练习时,注意两腿伸直,蹬地移重心。保持上体姿态,脚面外翻。

第九章　艺术体操拓展项目技能训练

啦操是一种有组织的，专门为体育赛事助威或为某项活动庆祝的场地表演活动；狭义的场地啦啦操运动是指在音乐的衬托下，运动员完成高超的啦啦操特殊技巧动作的运动。

（二）场地啦啦操基本技能训练

1. 手臂动作

场地啦啦操运动手臂的动作主要以肩关节为轴，如我们常用的典型动作 K 手位与 V 手位。手臂伸展时应直臂，弯曲时应有一定的角度，手型多为握拳。手臂动作应在移动迅速、定点准确的基础上，以手指带动发力，选择最短的路线到达下一个动作。

场地啦啦操基本的手臂动作主要有上 M、下 M、平举 W、下举 V、斜举 T、下举 X、屈臂 X、上举 H、倒 L、大弓箭、小弓箭等。

2. 步伐动作

场地啦啦操的步伐要求在短时间到达指定位置，每个步伐清晰、有力，不需要有意识地缓冲。动作伸展时不要屈膝，屈膝时的角度应有一定要求，膝关节与脚尖的方向要始终保持一致。

场地啦啦操基本的下肢动作主要有立正、弓步、侧弓步、锁步、吸腿、分腿小跳、分腿大跳和 C 跳等。

二、看台啦啦操

看台啦啦操是啦啦队队员在看台上的展示与表演，它没有场地啦啦操那么动感激昂，但因参与人数多，声势浩大。目前，国际上还未见学者对看台啦啦操给出确切的定义。

（一）看台啦啦操概述

1. 看台啦啦操的起源和发展

比赛中，除了呐喊、唱歌、打鼓等，赛场上最壮观、最能调动球员情绪的一种方式就是"墨西哥人浪"表演。1986年，在墨西哥举行的第13届世界杯足球赛上，一部分球迷高举两手跳起来又坐下后，邻座的球迷接着跳起来又坐下，这就是蔚为壮观的"墨西哥人浪"。

看台啦啦操是一项新兴的啦啦操项目。目前，国际上有组织地开展看台啦啦操活动还比较少。国内也只有北京市看台啦啦操的发展较为蓬勃。

2007年，金龙鱼杯第2届北京市文明啦啦队大赛扎根于普通老百姓，在赛事上做出了重大调整，大幅度增加了看台队伍数量。啦啦队选拔大赛对看台啦啦操的发展起到了稳步推进的作用。

2. 看台啦啦操的特点

(1) 简易性

看台啦啦操简单易学，因此各学校、单位或社区都可以组建文明看台啦啦操；看台啦啦操对人员要求也不高，其动作幅度不大，下肢动作简单。

(2) 广泛性

看台啦啦操由于运动强度不大，动作简单，在运动员的年龄上没有特定的要求，老少咸宜。

(3) 感召性

看台啦啦操的动作主要有上肢手臂的屈伸、摆动、绕环与下肢的伸蹲、小幅度的移动等，这些动作配合不同的口号和道具，起到整齐划一的视觉效果，较场地啦啦操及其他助威活动，更能振奋人心、营造赛场气氛。

(4) 灵活性

看台啦啦操不像场地啦啦操那样有明文规定限制，是由看台观众自发自愿地发展而来，只有相对的大中小规模之分。这使得看台啦啦操的开展更为易行，规模更加灵活。

(5) 文明性

看台啦啦操有助于赛场文化的建设。在体育比赛期间肩负着重要的文明示范作用，还能在全民健身活动、职工体育运动会及各种大、中、小型体育赛事中发挥带头作用,是各企事业单位、学校、社区等文明载体的重要组成部分。

(二)看台啦啦操基本技能训练

1.看台啦啦操运动的基本姿势

(1)坐姿

姿势描述:抬头挺胸,肩胛骨向后夹紧,收腹立腰,坐于椅子的前部,两手自然放在腿上,两腿并拢,大腿与小腿垂直,膝盖脚尖在同一方向。

(2)站姿

姿势描述:抬头挺胸,肩胛骨向后夹紧,收腹立腰,两手自然放在体侧,两腿并拢。

2.看台啦啦操运动的基本动作

(1)举:主要有前举、上举、侧上举等。

(2)击掌:主要有胸前击掌、头上击掌、身体两侧击掌等。方法为一手四指并拢在另一手的虎口处相叠。

(3)振臂:主要有胸前振臂、两臂上举振臂、单臂上举振臂等。

(4)摆动:主要有两臂侧上举,保持大臂不动,小臂向两侧摆动;两臂上举直臂向两侧摆动;身体向两侧摆动,同时两手胸前平屈,小臂重叠;两臂经体前直臂上下摆动等。

(5)手臂屈伸:主要有两手同时由胸前竖屈至上举、两手交替由胸前竖屈至上举、两手同时由胸前竖屈至前举、两手交替由胸前竖屈至前举。

(6)手臂的绕及绕环:主要两臂或单臂体前绕或绕环。

(7)人浪:由啦啦队队员顺时针或逆时针依次完成一样的、有上下起伏的动作。

3.看台啦啦操运动利用道具的动作

看台啦啦操所用的道具主要有:锣、鼓、丝巾、旗子、横幅、花球、扇子、哨子、喇叭、气球、充气棒、手铃、标语、鼓掌手板等。

看台啦啦操运动的基本动作均可加上道具进行练习。

第三节 排 舞

一、排舞运动概述

(一)排舞的概念

排舞,英文名称为"Line dance",从字面上就知道,这是一种排成一排排跳的舞蹈,它源于20世纪70年代的美国西部乡村舞蹈。起先用吉他和拍手的方式起舞,随着时代的发展,逐渐融入了欧洲宫廷和拉丁式的舞步。排舞舞步多元,风格创新,简单易学,是一种既可个人独享,又可与团体共乐的舞蹈。因其起源于民间舞蹈模式,排舞曾被称为"西部乡村舞蹈",虽然乡村舞蹈和排舞一样也包含重复的舞步动作,但排舞重点强调一系列重复舞步动作设计和组合的规范。

因此,可以将排舞理解为根据一段完整的歌曲或音乐,以有氧运动为基础,以身体练习和多变的步伐为基本手段,通过编舞者编排好的一套完整动作,使练习者达到塑造形体、舒缓压力、改善气质、增强身体协调性、提高健康素质的一项运动。国内排舞专家焦敬伟等将排舞定义为:一种在音乐伴奏下,由一系列具有规范的舞蹈动作设计模式的重复的舞蹈动作组合组成的一种舞蹈形式。它是一系列完全相同的重复的舞步动作,并对这一系列重复舞步动作组合的设计进行了规范。因而,排舞的舞蹈动作设计和规范是很重要的,这也是用来与其他排成排跳的大众舞蹈区分的重要一点。

(二)排舞的价值

排舞运动在促进校园文化生活和身心健康发展方面具有特

殊的价值。尤其是高校教育来说，应该重视学生整体和个性的协调发展。体育活动只有集时尚性、观赏性、趣味性、运动性和国际性于一身，才能充分发挥学生在体育活动中的积极性和主动性。而排舞运动作为"阳光体育运动"的主要运动项目之一，对营造良好的校园文化，促进体育文化的发展，具有很好的推动作用。排舞运动主要以下肢活动为主，舞步的练习对增强人体躯干及下肢肌肉力量具有积极的效果。此外，排舞属于有氧运动，长时间的排舞练习，有助于消耗体内多余的脂肪，增强心肺功能，塑造优美形体。同时，通过排舞运动可以调动参与者的情感反应，激发出积极、乐观和快乐的情绪。

二、初级排舞套路训练

排舞运动中，初级套路是最基本、相对简单的套路练习。初级排舞套路基本以 32 拍等不同的循环节奏所组成，在舞曲音乐的伴奏下，舞步随着特定节奏循环重复。每首排舞的基本跳法可以不改变方向，2 个朝向或 4 个朝向交替旋转。初级排舞套路融合了多种社交舞蹈的基本舞步，如伦巴、恰恰、曼波、华尔兹、牛仔和桑巴等基本舞步，动作简单易学。运动者在音乐的伴奏下，很容易跳出自己的风格。

下面介绍一下经典的初级排舞——昆力奔驰。

昆力奔驰的特点是步法利索，奔放活泼，能让人充分释放激情，感觉像是参加了一场盛大热闹的乡间舞会。舞曲风格是 4/4 拍，强烈的音乐伴奏。前奏是 2×8 拍，2 个方向，左脚起步。

（一）并退摇摆步

1. 脚步动作

1—2 拍：向左进行追步，同时向左转体 90°。
3—4 拍：向右进行追步，同时向左转体 90°。

5—6拍:向左进行追步,同时向左转体90°。
7—8拍:向右进行追步,同时向左转体90°。

2.手臂动作

1—2拍:两臂上举,握拳向左自然摆动。
3—4拍:两臂上举,握拳向右自然摆动。
5—6拍:两臂上举,握拳向左自然摆动。
7—8拍:两臂上举,握拳向右自然摆动。

(二)左右摆臂前追步

1.脚步动作

1拍:左脚向左跨出一步,脚尖点地。
2拍:还原直立,膝微屈。
3拍:右脚向右跨出一步,脚尖点地。
4拍:还原直立,膝微屈。
5拍:左脚脚尖前点地。
6拍:左脚脚尖后点地。
7—8拍:左脚前进锁步。

2.手臂动作

1拍:两臂经下向右摆动,摆至左臂侧平举,右臂在胸前平屈,拳心向下。
2拍:还原。
3拍:两臂经下向左摆动,摆至左臂在胸前平屈,右臂侧平举,拳心向下。
4拍:还原。
5、6、7、8拍:两臂放在体侧,随身体自然摆动。

第九章　艺术体操拓展项目技能训练

（三）前进后退锁步

1.脚步动作

1拍：右脚脚尖前点地。

2拍：右脚脚尖后点地。

3—4拍：右脚前进锁步。

5拍：左脚往前进一步,重心前移。

6拍：右脚原地踏步,重心后移。

7—8拍：左脚后退锁步。

2.手臂动作

两臂放在体侧,随着身体自然下摆。

（四）曼波转体

1.脚步动作

1拍：右脚后弓步。

2拍：左脚原地踏步。

3—4拍：双脚前进锁步。

5拍：左脚曼波步。

6拍：右脚原地踏步,重心后移,同时向右后方转体180°。

7拍：左脚前进一步。

8拍：右脚并向左脚,双脚并拢。

2.手臂动作

1、2拍：右臂握拳经前向后摆至后上举,同时逆时针绕环一周,左手叉腰。

3、4、5、6、7、8拍：两臂放于体侧,随身体自然摆动。

第四节 瑜 伽

一、瑜伽运动概述

(一)瑜伽的概念

瑜伽源自于梵文,意思是自我和原始动因的结合或一致。瑜伽起源于印度。

瑜伽经历了几十个世纪的发展,产生过众多的流派,从哲学来讲有因明论派、胜论派、数论派、瑜伽派、弥曼差派、吠擅多派。作为修行和练功方法的瑜伽,体系也很多,如哈达(诃陀)瑜伽、八支分法瑜伽、智瑜伽、咀多罗瑜伽、语音冥想瑜伽、实践瑜伽、业瑜伽、爱心服务瑜伽等。

(二)瑜伽的功能和作用

1.健身强体

第一,瑜伽能改善内脏功能,帮助人保持一个健康的神经系统,使发挥得不够正常的神经系统恢复正常的功能。从神经系统到消化系统,都能从瑜伽练习中受益。

第二,瑜伽可预防疾病,对消除身心负担具有极佳的效果。瑜伽的一些姿势是轻柔的按摩和伸展身体,能使身体的每一个部分都得到益处。通过有规律的练习,可使人们获得灵活性、平衡、坚韧,以及对疾病的抵抗力。

第三,瑜伽能提高人体的平衡能力。如对呼吸调整、心率、流汗、血压、新陈代谢的频率、体温和其他一些重要的机制的平衡很有好处。

第九章　艺术体操拓展项目技能训练

2.塑身美体

瑜伽的姿势可以使身体的每块肌肉慢慢地被伸展,给身体带来无限的能量。按照正确的方法练习瑜伽,把注意力集中在身体变化所产生的感觉上,会体会到身体肌肉的伸展、拉长,可防止肌肉组织功能下降,使肌肉富有弹性。

与此同时,还能身体的柔韧性得到改善;身体僵硬的部分得到舒缓,虚弱的地方也变得强有力。

3.修心养性

瑜伽的体式练习可以使我们的感官、精神、智力、灵魂更完美,并让大脑安静下来,享受和谐与宁静。比如,瑜伽的呼吸法能够有效地控制意念,使人的心态平和、情绪安定;而瑜伽的冥想练习可以使我们心灵清澈、明心见性。

二、瑜伽基本技能训练

(一)手式

(1)握拳:四指弯曲,拇指扣压中指、食指第二指节上。
(2)并掌:五指自然伸直并拢,大拇指紧扣食指第一指节。
(3)合掌:五指并拢,两手大拇指相扣合掌。
(4)兰花式:五指自然伸直稍分开,中指和拇指里合。
(5)凤凰式:拇指和食指相触,其余三指自然伸直稍分开。
(6)枪手式:两手合掌,拇指、无名指、小指相扣。
(7)交叉合掌式:两臂内旋,两手合掌。
(8)交叉握掌式:两手交叉握拳。
(9)交叉翻掌式:两手十指交叉,两臂内旋翻掌。

(二)坐姿

1.平常坐姿

坐在地上,两腿伸直。两手放在两膝上。右腿弯曲,脚跟顶住会阴部。左腿弯曲,放在右脚跟前,两脚跟对齐。

2.简易坐姿

坐在地上,两腿伸直。右腿弯曲,把右脚放在左大腿下;左腿弯曲,把左脚放在右大腿下。两手放在两膝上。

3.雷电坐

两膝跪地,两膝并拢。两脚脚背平放在地面上;两脚跟分开,两个大脚趾互相交叉,臀部坐在两脚内侧上。双手放于膝上。

4.牛头坐

坐在地上,两腿伸直。右腿弯曲,右脚跟靠近左臀部;左腿弯曲,放在右腿上面,左脚跟靠近右臀部;两膝稍重叠朝前。两手抓住两脚趾。

5.半莲花坐

坐在地上,两腿伸直。右腿弯曲,右脚底靠紧左大腿内侧;左腿弯曲,左脚放在右大腿根部上。两手放在两膝上。

6.莲花坐

坐在地上,两腿伸直。左腿弯曲,左脚放在右大腿根部上,足底朝天;右腿弯曲,右脚放在左大腿根部上,脚底朝天;脊柱保持伸直,两膝尽可能贴地。两手放在两膝上。

7.至善坐

坐在地上,两腿伸直。右腿弯曲,脚跟顶住会阴部,右脚底靠紧左大腿内侧；左腿弯曲，左脚放在右脚踝上，脚跟上下对齐，左脚跟靠近耻骨，左脚趾插入右腿的大腿与小腿之间。两手放在两膝上。

8.吉祥坐

直腿并腿坐。弯曲左小腿，左脚板顶住右大腿；弯曲右小腿，右脚放在左大腿和左小腿腿肚之间；两脚的脚趾应该楔入另一腿的大腿和小腿腿肚之间。两手放于两腿之间的空位处或放在两膝之上。

(三)体式

这里介绍瑜伽学练中常用的几个体式。

1.树式

学练方法：站姿，双脚并拢，挺身直立，合掌于胸前；吸气，将身体的重心放在左脚，脚趾施力压住地面，骨盆向左推移。提起左脚横置右脚背上，脚跟向外。同时，双手向上伸展，高举至头顶。眼睛注视前方某一固定点，保持自然呼吸5次；吐气，双手慢慢还原至胸前，脚也同时放回地面。两侧交替进行，重复3次。

2.鱼式

学练方法：把腿盘成莲花式平放于地面上，背贴地仰卧；抬高颈项和胸膛，拱起背部，把头顶放在地面上；用手抓住大脚趾，以便增强背部的拱弯程度；用鼻子做深呼吸，保持2分钟，然后放开脚趾。

3.弦式

学练方法：蹲在地上，全脚掌牢牢踏在地板上，双膝、双脚并拢，臀部稍抬离地面，保持平衡；双手支撑地面，下压臀，臀肌尽量贴向脚跟，双手贴放在背后，支撑着身体。一旦感觉到稳定，就在呼气时,在肚脐的带动下,向右侧扭转身体,左腋窝贴靠在右膝处,左臂向后旋绕;略抬臀,维持身体平衡,抬起右臂,向后绕过腰背,左手抓住右手的手腕,眼睛看向右肩的外侧。绷紧小腿肌,收缩腹肌和背肌,保持身体的平衡;尽最大能力在每次呼气时增强扭挤的强度,保持正常的呼吸。

4. 眼镜蛇式

学练方法:俯卧,双脚并拢,脚背着地,收下颚,额头触地,弯曲手肘,双手平放胸侧,调匀呼吸;吸气,下颚慢慢抬高,头部向上后仰,上身同时慢慢离开地面(感觉是把脊椎一节一节向后弯曲,用腹肌力量而不是用臂力),肚脐与腹部着地,眼望前方;继续吸气,双臂伸直,背部继续往后弯曲,头部尽量后仰、腹部仍然贴地,眼望上方,眼球可同时左右转动(改善视力)。意识集中在喉部、尾椎,同时收缩臀部,大腿放松;吐气,上身按从骨盆、腰椎、胸椎、颈椎、下颚到额头的顺序慢慢还原。

参考文献

[1]沈芝萍,王瑞玉.艺术体操[M].北京:北京体育大学出版社,2004.

[2]姬春旭.中国现代艺术体操教学的发展与趋势[J].科技资讯,2015(27).

[3]李卫东.现代学校艺术体操[M].武汉:湖北科学技术出版社,2007.

[4]胡丹.中国现代艺术体操教学的发展与趋势[J].科教导刊(上旬刊),2015(03).

[5]吕春辉.浅析健美操训练的基本原则[J].品牌,2015(01).

[6]曹青军.运动训练理论与实践[M].北京:北京理工大学出版社,2010.

[7]胡亦海.竞技运动训练理论与方法[M].北京:人民体育出版社,2014.

[8]张岚,田颖华.健身健美操教程[M].武汉:华中科技大学出版社,2009.

[9]郑花.高校健美操教练员素质及其训练方法创新研究[J].科技信息,2007(36).

[10]董鹏.竞技健美操音乐发展趋势及应对措施[J].体育科技文献通报,2011(01).

[11]曹琪.我国竞技健美操音乐选配现状及对策研究[D].武汉体育学院,2009.

[12]刘远祥.健美操音乐的数字化编辑[J].辽宁体育科技,2004(02).

[13]王文生等.体操游戏[M].北京:北京体育大学出版社,2014.

[14]陈丽霞,胡效芳.体育艺术类项目教程[M].西安:陕西师范大学出版总社有限公司,2016.

[15]钱宏颖,葛丽华.体育舞蹈与排舞[M].杭州:浙江大学出版社,2011.

[16]童昭岗.体操[M].北京:高等教育出版社,2005.

[17]樊铭,陈玉平.我国艺术体操项目发展环境研究[J].西安体育学院学报,2014(02).

[18]邓影.瑜伽练习完全手册[M].福州:福建科学技术出版社,2010.

[19]宋雯.瑜伽教学与实践[M].北京:北京体育大学出版社,2011.

[20]朱晓龙,李立群.健美操[M].杭州:浙江大学出版社,2014.

[21]王艳.健美操实用技法解析[M].西安:西安地图出版社,2009.

[22]洪小平.艺术体操发展解析[J].中国体育科技,2013(06).

[23]童维贞.对我国艺术体操发展现状分析与展望[J].广州体育学院学报,2005(05).

[24]汪敏,陈媛.艺术体操"多元化"发展趋势及其社会化功能[J].武汉体育学院学报,2006(01).

[25]花楠,刘培庆,杜旭.艺术体操与健美操运动项目的比较分析[J].体育科技文献通报,2018(02).

[26]和琴语.浅谈艺术体操美的表现[J].当代体育科技,2017(15).

[27]闫雪辉.试析艺术体操项目的发展状况[J].黑龙江科学,2017(09).

[28]吴咏仪,冯道光.艺术体操研究的文献综述与分析[J].体育世界(学术版),2016(12).